Stundenblätter
Alfred Andersch „Sansibar oder der letzte Grund"

Dieter Schiller

Stundenblätter
Alfred Andersch
„Sansibar
oder der letzte Grund"

Eine Einführung in den modernen Roman für Klasse 10

16 Seiten Beilage

Ernst Klett Verlag

Reihe: Stundenblätter Deutsch
Herausgeber dieses Heftes: Jürgen Wolff

CIP-Titelaufnahme der Deutschen Bibliothek

Schiller, Dieter:
Stundenblätter Alfred Andersch, „Sansibar oder der letzte Grund":
eine Einführung in den modernen Roman für Klasse 10 /
Dieter Schiller. – 7. Aufl. – Stuttgart: Klett, 1989
   (Reihe: Stundenblätter Deutsch) (Klett-Schulpraxis)
   ISBN 3-12-927141-4

7. Auflage 1989
Alle Rechte vorbehalten
Fotomechanische Wiedergabe nur mit Genehmigung des Verlages
© Ernst Klett Verlag für Wissen und Bildung GmbH & Co. KG, Stuttgart 1984
Gesamtherstellung: Wilhelm Röck, Weinsberg
Stundenblätter: G. Müller, Heilbronn
Einbandgestaltung: Zembsch' Werkstatt, München
ISBN 3-12-927141-4

Inhaltsverzeichnis

Allgemeine Vorbemerkungen

Didaktische Überlegungen

Es ist eine wichtige Aufgabe des Deutschunterrichts, durch exemplarische Behandlung literarischer Werke dem Schüler Kenntnisse, Einsichten und Fähigkeiten zu vermitteln, die ihm einen vertieften, verständigen und kritischen Umgang mit Literatur ermöglichen. Da der Umgang mit Literatur sich später bei der Mehrzahl der Schüler auf die Lektüre von Romanen beschränken wird, ist einleuchtend, daß der Behandlung dieser epischen Großform im Unterricht eine entscheidende Bedeutung zukommen muß. Wird der Deutschunterricht dieser Aufgabe gerecht, oder trifft der erst vor kurzem wieder erhobene Vorwurf Rolf Geißlers zu: „In der Schule wird wenig getan, um auf ein sinnvolles Lesen von Romanen vorzubereiten"?[1]
Es ist hier nicht von der Sekundarstufe II die Rede, denn dort hat der Roman durch die neuen Lehrpläne inzwischen seinen legitimen Platz erhalten. In der Sekundarstufe I jedoch beschränkt sich der Umgang mit Literatur traditionsgemäß fast ausschließlich auf die Lektüre von Novellen und Dramen; Romane werden für diese Bildungsstufe kaum in Erwägung gezogen, sie gelten gewöhnlich als zu schwierig und schon vom Umfang her als der Altersstufe nicht angemessen. Dieser herkömmliche Literatur-Kanon der Sekundarstufe I bedarf meines Erachtens insbesondere in bezug auf Klasse 10 dringend einer gründlichen Überprüfung, sowohl was die dominierende Stellung des Dramas, als auch was die Vernachlässigung des Romans betrifft. Viele Schüler dieser Altersstufe sind in ihrer Privatlektüre dem Deutschunterricht voraus: sie sind bereits Romanleser, und der Literaturunterricht darf nicht versäumen, ihnen die dafür notwendigen Maßstäbe an die Hand zu geben.
Das vorliegende Beispiel einer Unterrichtseinheit versucht zu zeigen, daß es ohne weiteres möglich ist, mit einer 10. Klasse einen der Altersstufe gemäßen Roman erfolgreich im Unterricht zu besprechen und damit bereits in der Sekundarstufe I in die Romanform einzuführen.

Die Einführung in die Form des Romans erfolgt in dieser Altersstufe am besten am Beispiel eines modernen Romans. Dabei ist „modern" in diesem Zusammenhang nicht vorwiegend inhaltsbezogen zu verstehen. Wenn man vom Roman, wie von jeder Kunstgattung, nicht nur Abbild, sondern Gestaltung der Wirklichkeit erwartet, liegt das Wesen des modernen Romans eben nicht in der Gestaltung einer modernen Wirklichkeit, sondern in der modernen Gestaltung einer Wirklichkeit. „Modern" wird hier als eine Kategorie der Form gese-

---

1 Rolf Geißler, Möglichkeiten des modernen deutschen Romans, Frankfurt, 6. Aufl. 1976, S. 2

7

hen: es ist die neue Art der Darstellung, die neue Erzähltechnik, insbesondere die Technik der personalen Erzählperspektive und des Bewußtseinsstroms, die das Wesen des modernen Romans bestimmt. Diese neue und damit auffällige Erzählweise erleichtert dem Schüler den Zugang zum Roman, denn sie erweckt seine Neugier und sein spontanes Interesse und fordert seine Stellungnahme heraus.

Wenn nun mit dieser modernen Erzähltechnik eindringlich und künstlerisch überzeugend ein Thema dargestellt wird, das für Schüler dieser Altersstufe verständlich und interessant ist und ihnen darüber hinaus Möglichkeiten zur Identifikation und zur engagierten Auseinandersetzung bietet, dann ist ein solches literarisches Werk sicherlich geeignet für unseren Zweck, nämlich die Einführung in den modernen Roman.

Dies trifft meines Erachtens auf Alfred Anderschs ersten Roman „Sansibar oder der letzte Grund" (1957) in ganz besonderem Maße zu. Das Thema des Romans – die Selbstbehauptung des Menschen gegen eine ihn bedrohende unmenschliche Gewalt und seine Versuche, den Weg in die Freiheit zu finden – bietet vom Stoff wie von der Problematik her starke Anreize für die Schüler. Die Handlung enthält zahlreiche Spannungsmomente, und die formale Gestaltung ist neuartig und eigenwillig, aber – wie zu zeigen sein wird – dem Thema in besonderer Weise adäquat. Dazu kommen noch einige äußere Gesichtspunkte, die bei der Wahl dieses Romans eine Rolle spielten: die Parallele zum Geschichtsunterricht (Nationalsozialismus), der überschaubare Umfang (147

Seiten) und die leicht zugängliche und relativ preiswerte Taschenbuchausgabe (1979: DM 4.80).

Ausgehend von den allgemeinen Zielen des Deutschunterrichts im Umgang mit Literatur ergeben sich nach den bisher angestellten Überlegungen für diese Unterrichtseinheit folgende drei Lernzielbereiche:

Der Schüler soll

(a) die spezifische Erzähltechnik dieses Romans im Unterschied zu anderen möglichen Techniken erkennen und als adäquaten Ausdruck der dargestellten Problematik verstehen; er soll die in diesem Zusammenhang geklärten erzähltechnischen Begriffe selbständig zur vergleichenden Analyse epischer Texte anwenden;

(b) die besondere Handlungsstruktur dieses Romans erkennen und in ihrem Bezug zum Thema verstehen;

(c) das in den Konflikten der Gestalten sichtbar werdende Thema der Bedrohung des Menschen erfassen und die Überwindung dieser Bedrohung als Verwirklichung eines neuen Menschenbildes verstehen; er soll die Funktion der Leitbilder und Symbole erkennen und damit den Roman als ästhetisches Kunstwerk erfahren.

Eine Überprüfung, ob und wie weit jeder Schüler diese Lernziele erreicht hat, kann nach Abschluß der Unterrichtseinheit durch eine schriftliche Lernerfolgskontrolle erfolgen. Ein Beispiel dafür, das besonders die wichtigen Bereiche (a) und (b) berücksichtigt, findet sich im dritten Teil dieser Arbeit (S. 66)

Welches Vorwissen setzt diese Unterrichtseinheit bei den Schülern voraus? Gottfried Kellers „Kleider machen Leute" sollte bereits (u.U. in Klasse 8 oder 9) gelesen und besprochen sein, denn diese Novelle wird als äußerst günstiges Beispiel für die Erzähltechnik des 19. Jahrhunderts an einigen Stellen der Unterrichtseinheit vergleichend herangezogen. (Siehe auch MAT 2)
Dann sollte den Schülern aus der vorangegangenen Beschäftigung mit epischen Texten der Unterschied zwischen den Begriffen „Autor" und „Erzähler" vertraut sein. Vor allem ist wichtig, daß die Schüler den „Erzähler" als integrierten Bestandteil der fiktiven Welt, als eine vom Autor mitgeschaffene Vermittlungsinstanz des epischen Werkes kennen.

Damit kommen wir abschließend zu dem wichtigen Problem der Terminologie. Die in dieser Unterrichtseinheit verwendeten erzähltechnischen Begriffe bedürfen einer kurzen Begründung. Zwei Gesichtspunkte waren ausschlaggebend: die Begriffe sollten dem Schüler dieser Altersstufe verständlich und möglichst unmittelbar einleuchtend sein; sie müssen aber selbstverständlich sachgerecht sein und sollten dem neuesten Stand der fachwissenschaftlichen Diskussion entsprechen (was nicht ganz einfach zu verwirklichen ist, denn die wissenschaftlichen Untersuchungen zu Problemen der Erzähltechnik haben sich bisher nicht auf eine einheitliche Terminologie einigen können.)
Die Unterrichtseinheit baut auf den – meines Wissens zuerst von Eduard Spranger[2] eingeführten – Grundbegriffen „Standort" und „Perspektive" auf. Sie verwendet dann den Schlüsselbegriff der „personalen Erzählperspektive" in der Bedeutung einer auf eine Person der Handlung beschränkten Erzählperspektive (das heißt: der Autor gestaltet die Romanwelt in diesem Fall aus der Sicht dieser in der Handlung stehenden Person). Der Begriff „personal" stammt aus Stanzels damals vielbeachteter Untersuchung „typischer Erzählsituationen"[3], deren Ergebnisse aber zunehmend fragwürdig erscheinen und in der Zwischenzeit vielfältig modifiziert wurden[4].
Eine verdienstvolle Klärung der Begrifflichkeit hat meines Erachtens Schober mit seiner Arbeit über „Erzähltechniken in Romanen"[5] erreicht, aus der wir als Ersatz für Stanzels unklare „Erzählsituation" den einleuchtenden Oberbegriff „Erzählposition" übernehmen: „Die Position im erzähltechnischen Sinne ist das bewußte Einnehmen eines Erzählstandpunktes durch den Autor".[6]
Der Begriff „auktorial" (Stanzel) zur Bezeichnung einer nicht eingeschränkten Erzählposition wurde bewußt vermieden, um bei den Schülern der naheliegenden Gefahr der Verwechslung mit „Autor" zu entgehen und um die Terminologie nicht zu überladen. Aus letzterem Grund wurde auch nicht der von

---

2 Eduard Spranger, Der psychologische Perspektivismus im Roman, Jahrbuch des Freien Deutschen Hochstifts, Frankfurt 1930, S. 70-90
3 Franz Stanzel, Typische Formen des Romans, Göttingen 1964
4 Z.B. W. Lockemann, Zur Lage der Erzählforschung, Germanisch-Romanische Monatsschrift, Neue Folge 15 (1965), S. 63-84
5 Wolfgang H. Schober, Erzähltechniken in Romanen, Wiesbaden 1975
6 Schober, a.a.O. S. 42

Schober vorgeschlagene exaktere Begriff der „autonomen" Erzählposition dafür eingeführt, sondern es wurden einige für den Schüler leicht verständliche Umschreibungen verwendet, wie „traditionelle Erzählweise", „allwissender Erzähler" u.a.

Methodische Überlegungen

Die Behandlung eines Romans im Deutschunterricht kann und will nie erschöpfend sein. Die spontane Lesebereitschaft des Schülers soll gefördert und entwickelt, aber nicht durch eine unbedingt alle Aspekte ausführlich berücksichtigende Besprechung überfordert und abgestumpft werden. Auswahl und Beschränkung sind notwendig.

So hat diese Unterrichtseinheit als „Einführung in den modernen Roman" ihren Schwerpunkt in der Untersuchung der Erzähltechnik des Romans „Sansibar oder der letzte Grund", während bei den Gestalten vor allem diejenigen berücksichtigt werden, deren Problematik Schülern der Altersstufe verständlich ist und zur eigenen Auseinandersetzung reizt, also vor allem Gregor und der Junge. Dagegen werden Helander und Knudsen weitgehend ausgespart.

Um die Schüler nicht zu ermüden, sollte der Umfang der Unterrichtseinheit auf 13–14 Stunden beschränkt bleiben, wobei die Transferphase (13. Stunde) nicht unmittelbar an die vorangegangenen Stunden anschließen muß.

Innerhalb dieser Auswahl und Beschränkung versuchen wir, die Behandlung des Romans im Unterricht für den Schüler so ergiebig als möglich zu machen.

Dazu dient der dreiteilige Aufbau der hier vorgelegten Unterrichtseinheit:

Da der Roman auf keinen Fall im Unterricht selbst vollständig gelesen werden kann, kommt der häuslichen Lektüre der Schüler größte Bedeutung zu. Sie darf sich, soll sie für das Unterrichtsgespräch fruchtbar werden, keinesfalls in einem bloßen Aufnehmen dessen erschöpfen, was man den Inhalt und die Handlung des Romans nennt.

Daher muß der Schüler veranlaßt werden, genau zu lesen und bereits im Hinblick auf die besonderen Probleme dieses Romans zu lesen. Das aber heißt, wir müssen ihm Richtlinien für seine Lektüre geben, wir müssen seinen Blick von Anfang an schärfen für das Erfassen der relevanten Phänomene. Das geschieht in dieser Unterrichtseinheit in einer Einführungsphase, die drei Stunden umfaßt und die der häuslichen Lektüre vorausgeht. Zur Einführung des zentralen Begriffs der personalen Erzählperspektive greifen wir in der ersten Stunde auf die Kurzgeschichte „Das Fenster-Theater" von Ilse Aichinger zurück, denn hier läßt sich dieser Begriff, da er durch die Handlung gewissermaßen thematisiert wird, einleuchtend einführen und erläutern. Die beiden anderen Stunden der Einführungsphase sind den ersten zwei Abschnitten des Romans „Sansibar" gewidmet, sie festigen und erweitern die notwendige Terminologie und führen gleichzeitig in das Thema des Romans und in die Gestalt Gregors ein. Damit ist die erste Teileinheit abgeschlossen.

Ein Roman ist aber so kompliziert und

10

umfangreich, daß wir die eingehende Besprechung im Unterricht teilweise vorher organisieren müssen. Auch hier geht es um eine Aktivierung der Schüler, die selbständig zur Behandlung einzelner Probleme beitragen sollen. Zu diesem Zweck werden vor der häuslichen Lektüre einzelne Aufgaben für Partner- oder Gruppenarbeit ausgegeben, die Material für das Unterrichtsgespräch bereitstellen sollen. Wie solche Aufgaben aussehen können, geht aus dem Aufgabenvorschlag für die Behandlung dieses Romans hervor (siehe S. 22). Diese Aufgaben müssen von den Schülern nicht schriftlich bearbeitet werden, die Ergebnisse werden nur in Stichworten festgehalten. Im Unterrichtsgespräch werden zu einem bestimmten Problem dann jeweils die betreffenden Schüler als „Sachverständige" herangezogen. Die Aufgabe 9 allerdings könnte in Form eines Kurzreferates bearbeitet werden.

Die eingehende Besprechung des Romans im Hauptteil erfolgt im Wechsel verschiedener Lehr- und Arbeitsmethoden, wobei allerdings das fragend-entwickelnde Unterrichtsgespräch im Vordergrund steht, und versucht, möglichst nahe am Text zu bleiben.

Die die Unterrichtseinheit abschließende Transferphase hat zwei Ziele: einmal soll dadurch der Roman nicht als Einzelwerk völlig beziehungslos stehen bleiben, sondern unter formalen Aspekten in eine Gesamtentwicklung eingeordnet werden; zum anderen dient sie, indem der Schüler bei dieser vergleichenden Textanalyse selbständig seine erworbenen Kenntnisse und Fähigkeiten einsetzen kann, der Überprüfung und Vertiefung des Erarbeiteten.

Im Kommentar werden die Stunden der Einführungsphase und die Stunden zur Erzähltechnik verhältnismäßig ausführlich beschrieben und erläutert, um dem Lehrer möglichst zahlreiche Anregungen und auch methodische Hinweise zu geben, während der Kommentar der übrigen Stunden sich auf eine Zusammenfassung der Ergebnisse der einzelnen Teilphasen beschränkt.

Seitenangaben bei Textzitaten beziehen sich auf die Taschenbuchausgabe des Romans (vergleiche Literaturhinweise). Die Stundenblätter stehen in direkter Beziehung zum Kommentar. Sie nennen zunächst jeweils Thema und Materialien der Stunde, verweisen auf mögliche Hausaufgaben und fassen die wichtigsten erarbeiteten Begriffe zusammen. Darüber hinaus strukturieren sie die Einzelstunde inhaltlich nach dem durch Leitfragen gesteuerten Unterrichtsverlauf und gleichzeitig methodisch im Wechsel der Lehr- und Arbeitsformen. Zu manchen Stunden wird ein ausgearbeiteter Tafelanschrieb oder eine Strukturskizze als zusätzliche visuelle Unterrichtshilfe angeboten. Man sollte sich allerdings dabei stets bewußt bleiben, daß solche Strukturskizzen zwar durchaus mögliche Hilfsmittel zum Erfassen und Fixieren komplexer Zusammenhänge darstellen, daß sie aber ihrer Natur nach vergröbern und vereinfachen und daher das im Unterrichtsgespräch anzustrebende tiefere Verständnis nicht ersetzen können.

Das hier vorgelegte Beispiel einer Unterrichtseinheit kann für sich den Vorzug wiederholter Erprobung und Verbesserung geltend machen, erhebt aber selbstverständlich nicht den Anspruch, den für dieses Thema allein möglichen Weg darzustellen. Es sind in der allgemeinen Anlage wie im Einzelfall sicher manche Alternativen denkbar.

Gerade der Literaturunterricht sollte sich davor hüten, sich in ein zu starres Schema pressen zu lassen, sondern offen bleiben für alle möglichen Anregungen.

Daher verstehen sich diese Stundenblätter, indem sie *einen* möglichen Weg zur Behandlung des Romans „Sansibar oder der letzte Grund" in Klasse 10 vorschlagen, auch als Anregung für den Lehrer, unter Berücksichtigung seiner Interessen und der seiner Schüler, eigene Alternativen zu entwickeln und zu erproben.

Darstellung der Unterrichtseinheit

Einführungsphase

In dieser Teileinheit, die etwa drei Stunden umfaßt, sollen die Schüler zunächst an Hand der Begriffe „Standpunkt", „Perspektive", „Bewußtseinsstrom" und „Assoziationskette" einen ersten Einblick in moderne Erzähltechnik erhalten. Dazu kommt in der dritten Stunde bei der Besprechung des zweiten Romanabschnitts („Gregor") eine Einführung in die Thematik des Romans. Damit werden die Voraussetzungen geschaffen für die sich anschließende selbständige Lektüre des Romans „Sansibar" durch die Schüler.

1. Stunde:
Erzählposition – Standpunkt und Perspektive

Wir beginnen unsere „Einführung in den modernen Roman" mit der Kurzgeschichte „Das Fenster-Theater" von Ilse Aichinger. Diese Kurzgeschichte beschäftigt uns hier aber nur so weit, als sie den Schülern hilft, sich über die Bedeutung von „Standpunkt" und „Perspektive" beim Erzählen klar zu werden. Es geht in dieser ersten Stunde nicht um eine erschöpfende Interpretation dieser Kurzgeschichte, sondern nur um das Herausarbeiten der Erzählposition.
Am zweckmäßigsten wird der Lehrer die Geschichte selbst vorlesen. (Wenn der

zusätzliche Impuls -„Z"- am Ende der ersten Phase eingeplant wird, sollte die Überschrift zunächst wegbleiben. Vgl. Stundenblatt.) Für das spontane Unterrichtsgespräch der ersten beiden Phasen reicht das bloße Hörverständnis vollkommen aus, für die vertiefende Überprüfung in der dritten Phase und den damit verbundenen Wechsel der Arbeitsform sollten die Schüler allerdings den Text vorliegen haben.

(1) Die Schüler erkennen sofort, daß der Alte nicht verrückt *ist*, sondern der Frau, die irrtümlich seine Gebärden auf sich bezieht, nur so *erscheint*. Die weitere Betrachtung ergibt, daß das nicht etwa von der Eigenart dieser Frau abhängt, sondern daß es wahrscheinlich jedem – auch uns selbst – so ergehen würde, der an ihrer Stelle stünde. Wir erkennen, daß sich ihr Irrtum aus ihrem räumlichen „Standort" ergibt, aus dem Standpunkt, den sie einnimmt und der ihren Blickwinkel, ihre „Perspektive", bestimmt. Jeder Mensch ist zunächst durch seinen Standpunkt in allen seinen Wahrnehmungen auf eine bestimmte Perspektive beschränkt, das heißt, er kann immer nur einen Ausschnitt sehen, nie das Ganze. Erst ein möglichst häufiger Standortwechsel führt zu neuen Perspektiven und damit – da die Ergebnisse aus diesen wechselnden Perspektiven als Wissen gespeichert bleiben – zu einer Aufhebung dieser Beschränkung. So entdeckt auch die Frau die Wahrheit erst, als sie

ihren Standort verändert, als sie einen zweiten Standpunkt auf der gegenüberliegenden Seite dazugewinnt und damit den Sachverhalt von zwei verschiedenen Seiten erfaßt. Sie erweitert und korrigiert dadurch ihre erste Perspektive und erkennt ihren Irrtum.

Die vorgeschlagene einfache Tafelskizze soll für die Schüler die Situation verdeutlichen und gleichzeitig die Arbeit in Phase 3 erleichtern.

(Z) Möglicher Zusatzimpuls: Die Schüler suchen passende Überschriften. Diese Überschriften sollen den Aspekt, unter dem die Geschichte behandelt wird, noch einmal betonen und zusammenfassen. Dazu gehören etwa (Schülervorschläge): „Ein Irrtum" oder „Anders gesehen" oder vielleicht noch besser: „Auf den Standpunkt kommt es an". (Die Überschrift „Das Fenster-Theater" weist auf einen andern Aspekt dieser Geschichte hin, der in unserem Zusammenhang zurücktritt, nämlich das Problem der zwischenmenschlichen Beziehungen.)

Man kann in diesem Zusammenhang auch an die berühmten Verse von Matthias Claudius erinnern:

„Seht ihr den Mond dort stehen? -
Er ist nur halb zu sehen
Und ist doch rund und schön.
So sind wohl manche Sachen,
Die wir getrost belachen,
Weil unsre Augen sie nicht sehn."

(2) Die Frage: wodurch wird nun auch im Leser die Spannung bis zum Schluß erhalten? führt das Unterrichtsgespräch wieder einen Schritt weiter. Der Leser weiß oder sieht nicht mehr als die Frau selbst. Es wird ihm nicht vorher gesagt, wie sich die Sache wirklich verhält, so daß er sich etwa über die Frau in ihrer Beschränktheit lustig machen könnte, sondern er erlebt das Ganze mit den Augen der Frau, er sieht in ihrer Perspektive. Erst als die Frau durch ihren Standortwechsel eine neue Perspektive gewinnt, indem sie „über ihn (den Alten) hinweg in ihr eigenes finstres Fenster" sieht, erkennt auch der Leser, zugleich mit der Frau, den Grund für das seltsame Verhalten des Alten. Der Leser steht damit nicht als überlegener Beurteiler über der Handlung, sondern er befindet sich mit der Frau unmittelbar in der Handlung selbst, er erlebt diese Handlung wie seine eigene, unter den selben Voraussetzungen.

Das wird durch die besondere Erzählweise, die „Erzählposition", dieser Kurzgeschichte bewirkt. Hier gibt es keinen „allwissenden" Erzähler, der den Sachverhalt aus überlegener Sicht berichtet, sondern die Handlung wird so dargestellt, wie die Frau sie erlebt; sie wird aus der Perspektive einer Person der Handlung erzählt, aus einer „personalen Perspektive".

Der Gang der Erzählung folgt, einer Filmkamera vergleichbar – wobei wir uns die Kamera auf der Schulter der Frau montiert vorstellen könnten –, dem Blick der Frau aus ihrem Fenster, dann ihrem Weg über die Straße und im jenseitigen Haus hinauf bis zum Fenster des alten Mannes.

(3a) Daß es sich in dieser Kurzgeschichte um eine personale Erzählperspektive handelt, wird noch deutlicher, wenn wir uns überlegen, welche Vorgänge des realen Geschehens nicht berichtet werden, weil sie aus der Perspektive der Frau nicht berichtet werden können. Wir erfahren zum Beispiel nicht, wie der Polizeiwagen unten ankommt und sich die Menschen darum versammeln. Die Frau kann das, während sie die Treppe hinunter geht, nicht sehen, daher sehen auch wir unten mit der Frau nur die bereits um den Polizeiwagen versammelte Menschenmenge. (Der Gang durchs Treppenhaus wird nicht geschildert, denn die Frau, die ganz auf das aufregende Ereignis konzentriert ist, nimmt das Alltäglich-Bekannte in diesem Zusammenhang nicht wahr.) Genau so wenig erfahren wir, was der Alte inzwischen tut, nachdem die Frau ihren Standpunkt am Fenster verlassen hat, bis wir mit der Frau von hinten in sein Zimmer treten und ihn „noch immer" am Fenster stehen sehen.

Diese Beispiele sind ein deutlicher Hinweis auf die personale Erzählperspektive und zeigen gleichzeitig deren Beschränkung.

(3b) Um das Interesse der Schüler durch einen neuen Impuls zu beleben und gleichzeitig nachzuprüfen, ob alle das Wesen der personalen Erzählposition verstanden haben, weisen wir darauf hin, daß Ilse Aichinger an manchen Stellen ihrer Erzählung die von Anfang an eingenommene personale Perspektive nicht streng durchgehalten hat; das heißt, sie berichtet an manchen Stellen etwas, das die Frau gar nicht wissen kann, oder sie berichtet aus einer anderen Perspektive. Die Schüler bekommen nun den Arbeitsauftrag, in Einzel- oder Gruppenarbeit durch intensive Lektüre des Textes solche Unstimmigkeiten in der Perspektive herauszusuchen.

Dazu gehört etwa in Zeile 52/53:

„Da er schwerhörig war, wandte er sich auch nicht um, als die Männer schon knapp hinter ihm standen . . ."

Das ist eine Begründung, die die Autorin gibt, um das Verhalten des Mannes in diesem Moment zu erklären, aber sie bleibt nicht in der personalen Perspektive der Frau, denn diese kann davon ja nichts wissen.

So sind auch die Sätze

„Denn ihre Erklärung hatte nicht sehr klar und ihre Stimme erregt geklungen." (Zeile 31/32)

oder

„Sie . . . gewahrten den Lichtschein am Ende des schmalen Ganges . . ." (Zeile 46/47)

nicht aus der Perspektive der Frau, sondern aus der Perspektive der Polizisten gesagt.

Das geht sogar bis in sprachliche Einzelheiten hinein, wenn etwa, wie in Zeile 35, „hinüber" und „herüber" verwechselt werden.

Hier kann dem Schüler deutlich werden, daß die Perspektive, in der erzählt wird, und damit die „Erzählposition" in einer Erzählung, nichts Äußerliches darstellt, sondern daß dadurch Inhalt und Form einer Erzählung geprägt werden.

(4) So weit hat uns das Unterrichtsgespräch über diese Kurzgeschichte von Ilse Aichinger geführt. Die Stunde mündet nun in die abschließende Frage: Warum wählt der moderne Autor trotz der damit verbundenen Einschränkungen und Schwierigkeiten gerade diese

personale Perspektive? – eine Frage, die unsere Beobachtungen in einen größeren Zusammenhang stellt, die wir aber an dieser Stelle natürlich noch nicht endgültig beantworten können. Einstweilen fassen wir mit den Schülern das bisher Erreichte zusammen: das an einen Standpunkt innerhalb der Handlung gebundene Erzählen, also das Erzählen aus einer personalen Erzählposition, kann immer nur einen Ausschnitt geben, nie das Ganze und ist damit in gewissem Sinne einseitig. Durch die Beschränkung auf die Perspektive einer innerhalb der Handlung stehenden Person entspricht es aber unserem natürlichen Verhältnis zur Wirklichkeit, verleiht damit der Erzählung eine Haltung der Aufrichtigkeit und erweckt gleichzeitig ein intensiveres Interesse des Lesers. Zum Abschluß der Stunde versuchen wir, diese Aussage durch Einbeziehung möglichst vielfältiger privater Lese-Erfahrungen der Schüler in freier Diskussion zu überprüfen.

Zur Vorbereitung der nächsten Stunde stellen wir eine Hausaufgabe, und zwar die Analyse des Erzählanfangs von „Kleider machen Leute" (MAT 2a) unter der Leitfrage: Womit und wie beginnt der Erzähler zu erzählen?

2. Stunde:
Bewußtseinsstrom und Assoziationskette

Wir wenden uns nun dem Roman selbst zu, von dem wir in dieser zweiten Stunde zur Einführung den ersten Abschnitt („Der Junge") genau betrachten wollen. Den inhaltlich-thematischen Aspekt stellen wir für diese Stunde noch zurück und konzentrieren uns ausschließlich auf die Erzählweise. Um das Besondere daran möglichst auffällig zu machen, untersuchen wir zunächst den Anfang einer in der traditionellen Erzählweise geschriebenen Erzählung, und zwar den Anfang von „Kleider machen Leute". Da durch die Hausarbeit teilweise vorbereitet, müßte der Vergleich der beiden Erzählanfänge von den Schülern weitgehend selbständig bewältigt werden können, denn er erprobt und sichert vor allem den in der vorangegangenen Stunde erarbeiteten Schlüsselbegriff der personalen Erzählperspektive. Erst in der zweiten Hälfte der Stunde wird als neuer wichtiger Grundbegriff modernen Erzählens die Erzähltechnik des „Bewußtseinsstroms" eingeführt.

(1) Wie beginnt Keller seine Novelle? – Gleich der erste Satz gibt Antwort auf die Fragen wann? („an einem unfreundlichen Novembertag"), wer? („ein armes Schneiderlein") und wo? („auf der Landstraße nach Goldach"), dazu kommt im nächsten Satz noch die Begründung auf die Frage warum? („denn er hatte ... auswandern müssen"). Dann wird die äußere Erscheinung des Schneiders beschrieben, von seiner vornehmen Kleidung bis zu seinen blassen Gesichtszügen. Dem Leser werden damit gleich zu Beginn die näheren Umstände dargelegt, die Hauptperson wird vorgestellt, und die zum Verständnis notwendigen Voraussetzungen werden mitgeteilt; und erst, nachdem er so „orientiert", in die Rolle eines wissenden, distanzierten Betrachters versetzt wurde, kann die eigentliche Erzählung beginnen. Das ist die typisch realistische

Erzählweise des 19. Jahrhunderts, die zuerst die Kulissen bereitstellt, in denen die handelnden und redenden Personen dann auftreten. Sie ergibt sich aus der uneingeschränkten Erzählposition, in der ein allwissender Erzähler seinen Stoff nach den Bedürfnissen des Lesers organisiert.

(2) Daneben stellen wir nun den ersten Abschnitt von „Sansibar" mit der Überschrift „Der Junge" (Seite 7). Hier bekommen wir keine direkte Antwort auf die Fragen wer?, wann? und wo?, sondern wir können diese Angaben nur indirekt erschließen, denn nur aus dem, was „der Junge" tut und wahrnimmt, besteht für uns die äußere Situation: ein Junge, der im Herbst (fallende Blätter!) unter einer Weide gegenüber einer alten Gerberei am Ufer der Treene an der Ostseeküste sitzt und im „Huckleberry Finn" liest. Wie in der Kurzgeschichte von Ilse Aichinger gibt es hier keinen Erzähler, der den Leser über den Sachverhalt informiert oder ihn mit den notwendigen Voraussetzungen bekannt macht. Im Gegenteil: der Leser wird unvermittelt in eine ihm zunächst völlig unklare Situation versetzt, in der er sich nur mühsam zurechtfindet. Der ganze Abschnitt ist aus der personalen Perspektive des Jungen gestaltet, das heißt, der Leser erfährt nur, was dieser tut, wahrnimmt und denkt. Darin liegt ein entscheidender Unterschied zum Beginn von „Kleider machen Leute".

(3) Dieser erste Abschnitt besteht fast nur aus den Gedanken des Jungen, was durch den wiederholten Einschub „dachte der Junge" deutlich betont wird.

Das ist an und für sich noch nichts Besonderes, denn auch in „Kleider machen Leute" werden uns Gedanken der Personen mitgeteilt. Doch ergeben sich hier bei näherer Betrachtung wesentliche Unterschiede.

(a) Bei Keller (siehe MAT 2b) erscheinen diese Gedanken entweder in indirekter Rede oder häufiger noch in direkter Rede, teilweise sogar mit Anführungszeichen. Die Gedanken werden als „Rede" formuliert, als Sätze, die genau so gut laut gesprochen werden könnten (man braucht nur an die Formel zu erinnern, mit der sie eingeleitet werden: „er *sagte* zu sich selbst"), so daß der Leser diese Gedanken gewissermaßen als „Äußerung" von außen her zur Kenntnis nimmt.

(b) Die Gedanken des Jungen dagegen könnten niemals laut gesagt werden. Dabei ist nicht nur entscheidend, daß der Junge im Gegensatz zu Wenzel Strapinski oder Melchior Böhni sich nicht in Gesellschaft, in bewegter Handlungssituation, befindet, daß er offenbar völlig allein ist, zurückgezogen in seinem Versteck, schweigend und in Gedanken mit sich selbst beschäftigt, sondern auch in der Art der Gedanken zeigt sich ein wesentlicher Unterschied zu „Kleider machen Leute". Die Gedanken des Jungen sind nicht fertige Ergebnisse eines Denkvorgangs, sondern geben den Denkvorgang selbst wieder. Hier befindet sich der Leser nicht außen, sondern innen, in dem Jungen, und zwar direkt in dessen Bewußtsein. Er erfährt dort die Gedanken in ihrem Entstehen, Kreisen und unaufhörlichen Strömen, so, wie sie dem Jungen selbst im Moment bewußt werden: der Leser erlebt das, was wir als „Bewußtseinsstrom" des Jungen bezeichnen.

In „Kleider machen Leute" berichtet der Erzähler von außen; er (und damit auch der Leser) steht seiner Gestalt und der Handlung in einem gewissen Abstand gegenüber, der es ihm erlaubt, das Ganze zu überblicken und zu ordnen und von höherer Warte aus zu beurteilen. Wir bezeichnen diesen Abstand des Erzählers zu dem Erzählten als „Erzähldistanz".

Diese Erzähldistanz ist nun in unserem Abschnitt aus „Sansibar" völlig aufgehoben. Hier stehen Erzähler und Leser dem Geschehen nicht distanziert gegenüber, sie befinden sich mitten in der Handlung, und zwar so nahe am Geschehen wie überhaupt möglich. In diesem Abschnitt wird nicht von außen, sondern von innen her erzählt, und das ist nur möglich durch die Darstellung des Bewußtseinsstroms des Jungen.

(4) An dieser Stelle unterbrechen wir das Unterrichtsgespräch und stellen den Schülern eine Arbeitsaufgabe, die sie zur intensiven Lektüre dieses Abschnitts zwingt:

Läßt sich in der Abfolge der Gedanken des Jungen eine bestimmte Struktur erkennen?

Diese Aufgabe soll gleichzeitig Material für die sich anschließende Besprechung weiterer Strukturelemente des Bewußtseinsstroms liefern.

(a) Als Ergebnis des Unterrichtsgesprächs sollte sich etwa ergeben: Der Bewußtseinsstrom ist nicht streng logisch gegliedert und aufgebaut, sondern die Abfolge der Gedanken stellt sich als eine unaufhörliche Kette von Assoziationen dar, abhängig von äußeren Eindrücken, Erinnerungen und Überlegungen.

Die Assoziationskette des Jungen wird in unserem Abschnitt ausgelöst durch die Lektüre des Romans „Huckleberry Finn" von Mark Twain. „Huckleberry Finn" – das erweckt Sehnsucht nach Abenteuern auf dem Mississippi, „ein Kanu klauen und wegfahren", doch wird das sogleich aus der Erfahrung korrigiert: auf der Ostsee geht das nicht. Dann führt das Bild der Umgebung, das durch das Auge eindringt, verstärkt zum Ausgangspunkt zurück: hier kann man sich nur verstecken, der Mississippi ist besser, „man mußte weg sein". Das wird aber dann zunächst durch den Verstand („aber man muß irgendwohin kommen"), dann aus der Erinnerung heraus („man durfte es nicht so machen wie Vater") korrigiert und abschließend erweitert wieder aufgenommen: „Erst dann ist man weg, dachte der Junge, wenn man hinter der offenen See Land erreicht."

An dieser Stelle wird die Assoziationskette durch das Ende des Abschnitts unterbrochen, aber der Bewußtseinsstrom des Jungen hört damit natürlich nicht auf, er fließt unaufhörlich weiter und wird dann auch im nächsten Abschnitt des Jungen fast lückenlos wieder aufgenommen: „Landein abzuhauen hatte auch keinen Zweck, dachte der Junge . . ." (Seite 9).

(b) Daraus ergibt sich ein wichtiges Strukturelement dieser Erzähltechnik: Ein Bewußtseinsstrom hat kein Ende und hat auch keinen Anfang; der Leser wird unvermittelt eingeblendet, muß sich selbst zurechtfinden und wird dann genau so unvermittelt wieder ausgeblendet. (Diese Vergleiche mit der Technik des Films sind für das Verständnis der modernen Erzählweise sehr fruchtbar, wie sich schon in der vorhergehenden Stunde gezeigt hat.) Dadurch erhält der Leser immer nur bruchstückhafte Ausschnitte, aus denen er sich selbst ein Bild vom Ganzen machen muß. Er muß also selbst aktiv mitarbeiten.

(c) Noch eine weitere Beobachtung zum Wesen des Bewußtseinsstroms können wir hier anschließen: Wir können nicht sagen, wie lange diese Gedanken des Jungen dauern, d.h. wie viel reale Zeit dabei vergeht. Denn diese reale Zeit läßt sich in Bewußtseinsvorgängen in einen Augenblick zusammendrängen, so daß zum Beispiel in Situationen großer Gefahr oder extremer Anstrengung oft lange Zeiträume blitzartig vor dem „inneren Auge" gerafft werden. Die Zeit der Wirklichkeit ist relativ geworden, ist aufgehoben. Bewußtseinsvorgänge sind zeitlich nicht meßbar, der Bewußtseinsstrom unterliegt den Gesetzen einer anderen, inneren Zeit.

(5) Welche Auswirkungen ergeben sich aus dieser Erzähltechnik? – Eine Erzählung, die im Bewußtseinsstrom gestaltet ist, wird nicht mehr den äußeren zeitlichen Ablauf einer Handlung, das „und dann . . ." betonen. Sie wird vor allem darstellen, wie sich diese Handlung im Bewußtsein des Menschen spiegelt, und sie wird damit den Menschen selbst in allen seinen Gedanken, Wünschen und Ängsten darstellen.

Das führt uns noch einmal zu der Frage, warum der moderne Erzähler die personale Perspektive bevorzugt. Jetzt können wir in der Antwort einen Schritt weiter gehen: Weil er am Menschen selbst interessiert ist und weil er ihn daher nicht nur von außen beschreiben, sondern in seinem Bewußtseinsstrom von innen her gestalten will. Das ist nur durch die Einführung der personalen Erzählposition möglich.

3. Stunde:
Gregors Grundsituation (Einführung in die Thematik des Romans)

In der letzten Stunde dieser Einführungsphase wenden wir uns dem zweiten Abschnitt des Romans, „Gregor", zu. Auch hier stellen wir zunächst die Frage nach der Erzähltechnik. Für schwächere Klassen empfiehlt es sich, das in den vorangegangenen Stunden Erarbeitete noch einmal aufzugreifen und durch erneute Untersuchung zu festigen. Bei leistungsfähigeren Klassen genügen einige zusammenfassende Hinweise. Im Mittelpunkt dieser Stunde sollte auf jeden Fall die Gestalt Gregors stehen, dessen Grundsituation wir analysieren, weil daran die Thematik des Romans exemplarisch sichtbar wird. Ein Vergleich mit der Gestalt des Jungen schließt die Stunde und damit die erste Teileinheit ab und weckt gleichzeitig in den Schülern Neugier und Interesse für die anderen Romangestalten.

Wir müssen uns allerdings bewußt sein, daß gerade dieser Romanabschnitt an Schüler einer 10. Klasse hohe Anforderungen stellt und schwierig zu bewältigen ist. Daher wurde auch für diese Stunde auf eine vorbereitende häusliche Lektüre verzichtet, um die Schüler nicht von vornherein abzuschrecken und zu entmutigen. Am besten wird der Abschnitt vom Lehrer selbst vorgelesen. Er wird in dieser Stunde die Schüler im Unterrichtsgespräch stärker führen und zum besseren Verständnis die vorgeschlagene Strukturskizze einsetzen müssen, die parallel zum Unterrichtsgespräch allmählich als Tafelbild entsteht und für die fast ausschließlich Textstellen aus diesem Romanabschnitt (im folgenden *kursiv*) verwendet werden.

Dem Schüler sollten in dieser Stunde zwei für die weitere Erschließung des Romans wichtige Elemente vertraut werden: die Überhöhung der Handlung durch Leitsymbole (z.B. das Meer als Vogelflügel gesehen) und die häufig auftretende Struktur der Gegensätze (Drohung – Spiel, prüfen – vergleichen).
Die zu erwartenden Schülerfragen: Wer ist dieser Gregor? und: Worin besteht eigentlich seine Bedrohung? sollten in dieser Stunde nicht ausführlich beantwortet werden. Es genügt – im Hinblick auf die personale Erzählposition und die damit verbundene notwendige Aktivität des Lesers –, die im Text gegebenen Hinweise (Flucht nach Schweden, Parteigenossen) bewußt zu machen und durch Einordnung in den historischen Zusammenhang kurz zu erläutern (NS-Diktatur, illegale KPD); dies vor allem, um Fehldeutungen und falsche Voraussetzungen für die selbständige Lektüre zu vermeiden. Genau so wenig scheint es sinnvoll, bereits nach diesem

Abschnitt Gregor, von dem wir noch nicht einmal wissen, wer er ist, ausführlich zu charakterisieren. Wir beschränken uns daher auf eine knappe, vorläufige Zusammenfassung.

(1) Zusammenfassende Hinweise zur Erzähltechnik.
Auch in diesem Abschnitt wird der Leser unvermittelt, ohne Orientierung durch einen Erzähler, in eine personale Perspektive, in einen Bewußtseinsstrom eingeblendet und damit in die Situation und Gedankenwelt einer handelnden Person versetzt. Wie der Junge im ersten Abschnitt ist auch Gregor allein und schweigend mit einem Problem beschäftigt, wobei Sinneswahrnehmungen seinen Gedankengang auslösen und steuern. Dabei ist hier die Außenwelt ausschließlich und damit noch eindeutiger als im ersten Abschnitt nur als Bewußtseinsinhalt der handelnden Person (hier: Gregors) vorhanden, jede Andeutung einer Beschreibung von außen ist vermieden. In diesem Abschnitt wird konsequent personal, also von innen her, erzählt.

(2) Wir versuchen nun, die Situation, in der sich Gregor befindet, zu analysieren.
(a) Relativ rasch läßt sich die äußere Situation klären: er fährt im Spätherbst mit dem Fahrrad auf einer geteerten Straße durch einen Kiefernwald auf die Stadt *Rerik* an der Ostseeküste zu.

(b) Schwieriger wird die Deutung seiner inneren Situation. Eine erste Zusammenfassung ergibt: Gregor fühlt sich *bedroht*, er empfindet die Stadt Rerik als den *„Schauplatz einer Drohung"*, der er sich durch die Flucht entziehen will. Da diese Bedrohung äußerlich offenbar an das Staatsgebiet (Siebenmeilenzone) gebunden ist, kann er hoffen, sie durch die Flucht nach Schweden, einem Land *„jenseits des Hoheitsgebiets der Drohung"* zu überwinden. Er wird dabei allerdings Hilfe brauchen, Hilfe von *Menschen, „deren Blicke ein Abenteuer anvisieren, deren Gedanken eine leichte, Segel setzende Bewegung ausführen können."*

(3) Die Bedrohung, unter der Gregor steht, reicht aber in eine noch tiefere Dimension, denn sie schränkt ihn in seinem Wesen ein und erzwingt eine Veränderung seiner Haltung der Welt gegenüber. Die Bedrohung, die *„alles in unabänderliche Wirklichkeit einfror",* reduziert ihn auf das rein Faktische, auf bloße Feststellungen, auf das *„Prüfen";* sie stellt ihn unter das Gesetz der *Notwendigkeit.* Dabei bleibt Gregor kein Raum zum Träumen, zur ästhetisch-spielerischen Ausgestaltung oder sinnbildhaften Überhöhung der Realität. Erst „jenseits des Hoheitsgebiets der Drohung" hofft Gregor auf einen Bereich der *Freiheit,* in dem die *„Dinge über sich selbst hinausweisen",* transparent werden für Deutungen (*„vergleichen"*), und in dem die Welt als *„Kulisse für ein Spiel"* dem Menschen neue Möglichkeiten eröffnet.

(Z) Möglicher Zusatzimpuls:
Die Bedeutung dieses Abschnitts für die Gestalt Gregors wird offensichtlich, wenn man den letzten Gregor-Abschnitt (Seite 133/134) zum Vergleich heranzieht. Dort taucht nicht nur das Leitsymbol des Vogels wieder auf, auch die Forderung des „Prüfens" der Wirklichkeit weist zurück auf den Anfang des Romans:

„Das graue Morgenlicht erfüllte die Welt, das nüchterne, farblose Morgenlicht zeigte die Gegenstände ohne Schatten und Farben, es zeigte sie beinahe so, wie sie wirklich waren, rein und zur Prüfung bereit. Alles muß neu geprüft werden, überlegte Gregor."

Hat sich ein Kreis geschlossen, oder hat Gregor eine höhere Stufe erreicht? Diese Frage muß die Lektüre des Romans beantworten.

(4) Wir suchen nun eine zusammenfassende, vorläufige Antwort auf die Frage: Was ist Gregor für ein Mensch?
Einen ersten Hinweis geben uns Wortschatz und Satzbau seiner Reflexionen. Der hohe Anteil von Fremdwörtern („Konstruktion", „Perspektive", „makadamisiert", „Szenarium", „Kulisse", „Ultramarin", „anvisieren"), die exakte Begrifflichkeit und der hypotaktische Stil verraten einen ausgeprägten, geschulten Intellekt. Dazu kommt als Ergänzung ein sehr empfindsames, intensives Gespür für optische Wahrnehmungen, eine fast poetische Fähigkeit, Geschehenes zu interpretieren, mit Hilfe der Phantasie zu durchdringen und seinen Symbolcharakter zu erfassen.
Eine ausführlichere, konkrete Analyse muß dem Hauptteil vorbehalten bleiben.

(5) Zum Abschluß der Stunde fragen wir, ob die hier besprochene Thematik nicht bereits im ersten Abschnitt des Romans anklingt. Ein Vergleich ergibt, daß beiden Gestalten die Sehnsucht

nach einem fernen Ziel gemeinsam ist. Handelt es sich bei dem Jungen jedoch um ein zunächst noch unbestimmtes Hinausstreben aus jugendlicher Abenteuerlust, so ist daraus bei Gregor offenbar bitterer Ernst geworden. Seine Flucht soll Rettung vor einer äußeren und inneren Bedrohung bringen, soll den Menschen in die Freiheit und damit zugleich zu sich selbst führen. Damit ist das Thema des Romans „Sansibar oder der letzte Grund" genannt.

Hier endet die Einführungsphase. Die Schüler haben nun einen Einblick in den Roman und seine Erzähltechnik bekommen, den sie durch ihre eigene Lektüre erweitern und vertiefen müssen. Dazu erhalten sie bestimmte Aufgaben zur Bearbeitung. Wir besprechen nun diese Aufgaben, organisieren die Partner- bzw. Gruppenarbeit und geben dann den Schülern etwa zehn Tage Zeit bis zur eingehenden Besprechung des Romans.

Aufgabenvorschläge für Partner- bzw. Gruppenarbeit:

A) Zu Form und Aufbau des Romans
  1. Läßt sich in der Reihenfolge der Abschnitte ein gegliederter Aufbau feststellen?
  2. Wie werden die einzelnen Abschnitte aufeinander bezogen und miteinander verbunden?
  (Besonders wichtig für die isolierten Bewußtseinsströme der Abschnitte 1 – 9 und für die Abschnitte Judiths)
  3. Welche Zeitspanne umfaßt die eigentliche Handlung, und wie wird der zeitliche Ablauf deutlich gemacht?
  4. Welche räumliche Vorstellung bekommt der Leser? Versuche, für die Orte der Handlung einen Plan zu entwerfen!

B) Zu den auffälligsten Leitsymbolen – Vorkommen, Bezüge, Entwicklung, Bedeutung
  5. Die Türme von Rerik
  6. Der goldene Schild von Tarasovka
  7. Die Ziegelwand der Kirche
  8. Die Farben

C) Zur Person des Autors
  9. Lektüre des Berichts „Die Kirschen der Freiheit"
  (Umfangreiche Sonderaufgabe! Nur für interessierte Schüler.)

Mögliche Ergänzung bzw. Alternative:
Es ist durchaus denkbar, auch Aufgaben zu den einzelnen Gestalten des Romans auszugeben und damit auch für diesen Bereich „Fachleute" zu schaffen, etwa unter der Aufgabenstellung: „ . . . – äußere und innere Situation, Leitbilder, Konflikte, Entscheidungen."

Hauptteil: Eingehende Besprechung des Romans

4. Stunde:
Allgemeiner Überblick über den Roman:
Thema und Figurenkonstellation

Nach der Lektüre des Romans erscheint es zweckmäßig, die Besprechung zunächst mit einem sehr offen und locker geführten Unterrichtsgespräch zu eröffnen, das dem Sammeln von ersten, häufig natürlich pauschalen oder fragmentarischen Eindrücken und Urteilen dient. Gleichzeitig gibt uns dieses Gespräch aber Gelegenheit, Verständnisschwierigkeiten der Schüler rasch zu erkennen, manche davon durch kurze Hinweise sofort zu beheben, andere als zusätzliche Impulse für eine entsprechende Unterrichtsphase vorzumerken. Unter Umständen können solche spontanen Schülerbeiträge eine alternative Planung der Unterrichtseinheit nahelegen.

Das Unterrichtsgespräch sollte dann in der zweiten Hälfte der Stunde überleiten zu einem allgemeinen Überblick über den Roman und seine Figuren und schließlich zu der gemeinsam als Tafelbild zu erarbeitenden Strukturskizze führen, die die Konstellation der Figuren unter dem Aspekt der Bedrohung zeigt. Ziel dieser Stunde ist es, für die sich anschließende eingehende Besprechung des Romans bei allen Schülern eine möglichst sichere und gleichmäßige Basis zu schaffen.

(1) Sammeln von spontanen Lese-Eindrücken

(2) Der Roman spielt zur Zeit der NS-Diktatur in der kleinen mecklenburgischen Hafenstadt Rerik. Er schildert, wie es Ende Oktober 1937 mit Hilfe eines jungen Instrukteurs der kommunistischen Partei und eines Fischers gelingt, eine von der Konfiszierung bedrohte Barlach-Plastik sowie ein jüdisches Mädchen nach Schweden in Sicherheit zu bringen.

Das daran deutlich werdende Thema des Romans ist die den Hauptgestalten (abgesehen von dem Jungen) gemeinsame Gegnerschaft zum nationalsozialistischen Herrschaftssystem, ihre sich daraus ergebende Bedrohung und schließlich die individuell verschiedenen Möglichkeiten der Rettung ihrer äußeren bzw. inneren Existenz.

(3) Eine Sonderstellung unter den Gestalten nimmt der Junge ein, dem die Hälfte aller Abschnitte des Romans (nämlich in der Zählung alle ungeraden) gewidmet ist, dessen Abschnitte durch Kursivdruck schon äußerlich von denen der Erwachsenenwelt unterschieden sind und aus dessen Bewußtseinsstrom der Titel des Romans entnommen ist. Der Junge lebt außerhalb der Bedrohung in einer eigenen Welt, mit deutlich spürbarer Frontstellung gegen die Welt der Erwachsenen. Daß gerade auch diese Gestalt für die Thematik des Romans wichtig wird, muß später gezeigt werden.

Die vier Erwachsenen lassen sich nach verschiedenen Gesichtspunkten zu jeweils wechselnden Gruppierungen zusammenfassen:

„So lassen sich den *Einheimischen* (Knudsen, Helander) die *Fremden*

(Gregor, Judith) gegenüberstellen, denen, die *bleiben wollen* (Knudsen, Helander), diejenigen, die eine *Flucht erhoffen* (Judith, Gregor), oder den *bewußt politisch handelnden* Kommunisten (Gregor, Knudsen) die nur wegen ihres *Soseins,* wegen ihrer *rassischen* oder *geistigen Herkunft* Bedrohten (Judith, Helander), den *Proletariern* (Knudsen, Gregor) die *Bürgerlichen* (Judith, Helander), dem *resignierenden* Knudsen den zur Tat *gedrängten* Pfarrer, der *passiven* Judith den *aktiven* Gregor,"[7] der *einen* Frau (Judith) die *drei Männer* (Gregor, Knudsen, Helander). Dazu kommt noch unter dem Gesichtspunkt der Bedrohung eine Gruppierung nach *Opfern* (Judith, Lesender Klosterschüler) und *aktiv Helfenden* (Gregor, Knudsen, Helander).

(4) Da dieser letzte Gesichtspunkt vom Thema her der entscheidendste ist, legen wir ihn der gemeinsam zu erarbeitenden Strukturskizze einer Figurenkonstellation zugrunde. Verdeutlicht werden sollen: die Sonderstellung des Jungen, die gemeinsame Bedrohung der Erwachsenen durch „die Anderen", abgestuft nach dem in der Ausgangssituation bestehenden Grad der Bedrohung (die am unmittelbarsten bedrohten Opfer, nämlich Judith und der Lesende Klosterschüler, werden ganz vorne eingezeichnet), und die wichtigsten Beziehungen der Gestalten untereinander (Pfeile). Gleichzeitig versucht die Strukturskizze, die für die Gestalten, ihr Denken und ihr Handeln entscheidenden inneren Bezugspunkte, die Leitbilder oder Personen, die sie bestimmen, sichtbar zu machen (als Kreise eingezeichnet). Bei Gregor und Knudsen werden die bestehenden inneren Konflikte durch Überschneidungen angedeutet.

Damit ist die Figurenkonstellation dieses Romans vorläufig festgelegt. Die Skizze dient, wie gesagt, als Grundlage für die weitere Arbeit. Sie kann erst gegen Ende der Unterrichtseinheit, im Zusammenhang mit der Besprechung der Gestalten des Romans, ihre volle Bedeutung entfalten.

5. Stunde:
Handlungsstruktur und zeitlicher Ablauf

Für dieses Thema können wir die Ergebnisse der Aufgaben 1 und 3 in das Unterrichtsgespräch einbeziehen. Zur Verdeutlichung dient wiederum eine Strukturskizze an der Tafel, die parallel zum Unterricht entwickelt wird.

(1) Die äußere Handlung des Romans reicht grob gesprochen von der Ankunft Gregors und Judiths in Rerik bis zur geglückten Flucht, umfaßt also eine Zeitspanne von etwas mehr als zwölf Stunden, genauer von 1/2 3 Uhr nachmittags (als der Junge unter den Weiden sitzt) bis nach 6 Uhr morgens (als Helander erschossen wird) – in dem letzten Abschnitt wird die Handlung noch bis in die folgende Nacht hinein geführt (bis der Junge wieder zu Knudsen zurückkehrt). Die Konzentration der Handlung auf einen relativ kurzen Zeitraum wird sich als wesentliches Strukturmerkmal des Romans erweisen.

---

7 Geißler, a. a. O S. 221

(2) Innerhalb der Handlung lassen sich gewisse Einschnitte erkennen. Zunächst ergibt sich eine Art „Einleitung", die aus den ersten neun Abschnitten besteht. Äußerlich zusammengefaßt wird dieser Teil durch den Jungen, der unter der Weide am Fluß sitzt und von abenteuerlichen Fahrten träumt, schließlich (im neunten Abschnitt) aufsteht, sein Buch in die Tasche schiebt und zum Hafen geht – damit ist diese erste Einheit abgeschlossen. In ihr werden alle Gestalten nacheinander einzeln eingeführt. Sie stehen zwar isoliert nebeneinander, aber ein Zusammentreffen ist zum Teil schon vorauszusehen: so bei Gregor und Knudsen, die der Instruktionsauftrag des Zentralkomitees zusammenführen wird, falls Knudsen zum ausgemachten Treffpunkt geht. Jede dieser Gestalten ist dabei in diesem ersten Teil im Aufbruch zu einem Ziel begriffen, von einer bestimmten Absicht erfüllt: für alle geht es letztlich um Rettung vor einer Bedrohung; aber auch vordergründig erleben wir sie in einer Aufbruchs- bzw. Reisesituation: Gregor ist unterwegs nach Rerik, Helander ist im Begriff, zu Knudsen zu gehen und ihn um Hilfe zu bitten, Knudsen selbst will zum Dorschfang ausfahren, und Judith läßt in ihrem Hotelzimmer den Koffer unausgepackt stehen und zieht den Regenmantel nicht aus, weil sie gleich wieder gehen will, um sich am Hafen nach einem dänischen oder schwedischen Dampfer umzusehen.

Mit dieser Aufbruchsituation setzt die äußere Romanhandlung ein.

Im folgenden Teil kommen dann die Pläne aller Gestalten zunächst einmal zum Scheitern: beim Jungen ist es der Einspruch der Mutter, bei Judith die Frage des Wirts nach ihrem Paß, bei Gregor zunächst der Anblick der Türme von Rerik, dann, wie bei Helander, Knudsens Weigerung. Aber schon hier greifen die Teile ineinander und lassen sich nicht ganz säuberlich trennen; denn bereits vor dem Gespräch mit Knudsen ist eine Figur in Gregors Bewußtsein eingetreten (Seite 38 – 40), die von nun an die Handlung bestimmen wird, nämlich der „Lesende Klosterschüler". Mit dem dritten Teil beginnt die „Aktion Lesender Klosterschüler", in der allmählich alle Gestalten zusammengeführt werden. Nur der Junge steht abseits; er wird zwar in diese Aktion verwickelt, aber er greift nicht aus eigenem Willen in die Handlung ein, sondern führt nur aus, was ihm aufgetragen wird. Sein eigenes Leben verläuft neben und unabhängig von der großen Aktion. Im Zentrum dieser Aktion und damit im Zentrum des ganzen Romans steht die stumme Figur des „Lesenden Klosterschülers". Die treibende Kraft jedoch ist Gregor, denn er ist es, der diese Aktion durchführt und der auch Judith mit einbezieht, die lange isoliert bleibt und deren eigene Unternehmungen scheitern. Das Gelingen der Aktion aber hängt ganz von Knudsen und dessen Verhalten ab: wartet er nicht, dann ist die Flucht unmöglich.

(3) Das ist die Grundstruktur der Handlung, wie sie in dem im Mittelpunkt des Romans stehenden Abschnitt „Judith-Gregor-Knudsen" durch Gregor, der Judith am Hafen gesehen hat, zum Ausdruck kommt:

„Er fühlte, wie sich ein Netz von Beziehungen anspann, zwischen dem Burschen in der

Kirche und dem Mädchen und ihm, Gregor, selber. Aber nur einer konnte das Netz auswerfen: Knudsen. Wenn Knudsen nicht wartete, zerfiel das Abenteuer wie Staub. Wenn er kniff, zerriß das Netz." (Seite 63)

Die Entscheidung Knudsens am Ende dieses Abschnitts wird so zum wichtigsten Knotenpunkt der Handlung (neben der ersten Entscheidung, nämlich überhaupt zum Treffpunkt mit dem Instrukteur zu gehen, obwohl er sich dadurch „verstrickte"):

„Soll ich die Leinen losmachen, fragte der Junge, fahren wir los, Käpten?
Nein, sagte Knudsen. Ich habe noch was zu erledigen. Du kannst heimgehen. Ich hol' dich dann." (Seite 64)

Die Bedeutung dieses Teils als Mittelzäsur der Romanhandlung wird noch dadurch unterstrichen, daß in den unmittelbar folgenden Abschnitten (Nr. 24 und 25) Judiths eigene Unternehmung unwiderruflich scheitert, so daß sie dann völlig auf Gregors unerwartete Hilfe angewiesen sein wird, und dem in sein Versteck zurückgekehrten Jungen der dritte Grund einfällt, warum man Rerik verlassen mußte, nämlich

„weil es Sansibar gab, Sansibar in der Ferne, Sansibar hinter der offenen See, Sansibar oder den letzten Grund." (Seite 77)

Nicht zufällig wird gerade in diesem Zusammenhang der Titel des Romans eingeführt.
Wir markieren das „Netz von Beziehungen" in der Strukturskizze durch das Zeichen „X" und heben damit gleichzeitig den dritten Teil als Knotenpunkt und Wendepunkt der Handlung hervor.

(4) Nachdem die Entscheidung durch Knudsen gefallen ist, kann die „Aktion Lesender Kosterschüler" mit den Vorbereitungen zur Flucht ihren weiteren Verlauf nehmen, einen Verlauf, der schließlich Judith und den „Lesenden Klosterschüler" in die Freiheit nach Schweden führt, Helander noch im Augenblick des Todes die Erfüllung seines Glaubens bringt, Gregor als Einzelgänger in eine nüchterne, aber unklare Zukunft entläßt und den Jungen schließlich aus seinen abenteuerlichen Träumen in die menschliche Gemeinschaft, zu Knudsen zurückführt.

Aus der Strukturskizze läßt sich nun eine überraschend klare, an den Aufbau eines fünfaktigen Dramas erinnernde Gliederung der Handlung ablesen. Ebenso deutlich zeigt sich, wie die Rettung des „Lesenden Klosterschülers" zum integrierenden Moment der Handlung wird, indem sie die zunächst isoliert stehenden Gestalten zum gemeinsamen Handeln führt. (Daß die „Aktion Lesender Klosterschüler" die Gestalten nicht nur äußerlich zusammenführt, sondern bei allen eine entscheidende innere Veränderung auslöst, wird das Kapitel über die Gestalten des Romans zu zeigen haben.)

(5) Daß die ganze Aktion von Anfang an unter einer ständig wachsenden Bedrohung steht, wird durch die Betonung des äußeren Zeitablaufs deutlich gemacht. Die häufigen Zeitangaben stehen hier nicht nur zur Einbettung der Handlung in einen realen Situationszusammenhang, sondern an ihnen wird symbolisch die zunehmende Bedrohung ablesbar. Es gibt von Anfang an die Stunde X als Endpunkt: am nächsten Morgen wird der „Lesende Klosterschüler" von den

Anderen abgeholt werden. Auch für die übrigen Personen sind die Zeitangaben ein Zeichen wachsender Spannung und Verschärfung: Knudsen wollte um 5 Uhr auslaufen, mit jeder Stunde, die sein Fischkutter noch länger im Hafen liegt, wächst der Verdacht. Die Fahndung nach Judith wird von Hamburg aus bald einsetzen; dazu kommt für sie die fast unerträgliche Verschärfung der Lage durch die Frage des Wirts nach ihrem Paß und vor allem durch den mißglückten Fluchtversuch mit dem schwedischen Dampfer. So wird im Vergehen der Zeit die zunehmende Bedrohung symbolisch gestaltet und eine Spannung erreicht, die den Leser, der sich in dieses Netz von Beziehungen eingesponnen sieht, nicht mehr losläßt.

Nach der Untersuchung der Handlungsstruktur des Romans müssen wir uns nun mit der Frage beschäftigen, *wie* diese Handlung erzählt wird. Damit kommen wir zu der für die Unterrichtseinheit zentralen Frage der Erzähltechnik des Romans. Zur Vorbereitung der folgenden Stunden sollten die Schüler durch eine Hausaufgabe veranlaßt werden, sich die bei der Lektüre gemachten Beobachtungen zur Erzähltechnik noch einmal zu vergegenwärtigen und, wenn möglich, bereits stichwortartig zu systematisieren.

6.–8. Stunde:
Die Erzähltechnik des Romans

Wir verwenden darauf mindestens drei bis vier Stunden und behandeln damit dieses Problem verhältnismäßig ausführlich, da hier grundsätzliche Fragen der Romantechnik zur Sprache kommen. Um dem Lehrer im Blick auf die Interessenlage und das Lerntempo seiner Klasse bei der Planung möglichst viel Freiheit zu lassen, wird auf eine genaue Aufgliederung dieser Teileinheit nach Einzelstunden (auch in den Stundenblättern) verzichtet. Die Ergebnisse der Gruppenarbeit zu Aufgabe 2 und 4 (evtl. mit Tafelskizze oder vervielfältigtem Lageplan –vgl. MAT 3–) müssen in den Unterrichtsverlauf eingeplant werden. Als Erleichterung für den Schüler und um für die etwas schwierige formale Analyse eine gemeinsame Basis zu schaffen, dient eine Zusammenstellung besonders günstiger Textstellen aus dem Roman (MAT 4).

(1) Zunächst beziehen wir uns auf die Hausaufgabe und lassen die Schüler berichten, was ihnen zur Frage der Erzähltechnik bei ihrer Lektüre aufgefallen ist. Daraus ergibt sich zusammengefaßt eine kurze formale Beschreibung des Romans:
Es gibt keinen überschauenden „allwissenden" Erzähler, sondern die Handlung wird aus den personalen Perspektiven der fünf Hauptgestalten dargestellt. Diese Perspektiven überschneiden und ergänzen sich gegenseitig und wechseln von Abschnitt zu Abschnitt, wobei jeweils die Überschrift („Gregor", „Judith", „Helander – Knudsen" etc.) angibt, aus welcher Perspektive (manchmal sind es zwei, höchstens drei nebeneinander) erzählt wird. Die Abschnitte werden hier nicht einfach als Kapitel gezählt oder mit einer auf den Inhalt bezogenen Überschrift versehen, es wird, wie im Drama, die „redende" Person, oder

noch besser: das denkende und erlebende „Subjekt" genannt. Dabei sieht sich der Leser plötzlich und ohne Einführung in den Bewußtseinsstrom dieses Subjekts versetzt, in dem er sich nun selbst zurechtfinden muß und wo er erst allmählich erkennt, wer zum Beispiel Gregor ist, und warum er nach Rerik fährt, und was es mit Judith oder Helander auf sich hat. Es fehlt der Erzähler, der seine Gestalten „vorstellt". Wir erkennen also hier wieder die uns aus der Einführung schon bekannte Erzähltechnik der personalen Perspektive und des Bewußtseinsstroms.

(Z) Möglicher Zusatzimpuls:
Auch in diesem Roman gibt es einige Stellen, an denen die personale Perspektive eines in der Überschrift genannten erlebenden Subjekts durchbrochen ist. Die Schüler werden diese Abweichungen höchstwahrscheinlich überlesen, sie könnten aber in diesem Zusammenhang darauf hingewiesen werden, um ihren Blick für formale Gestaltung zu schärfen. Zu diesen perspektivischen „Fehlern" gehört etwa, wenn in einem Abschnitt „Judith" plötzlich Gedanken des Wirtes wiedergegeben werden:

„Eine, die es mal nicht eilig hat, dachte der Wirt. Solche Mädchen hatten es meistens eilig, zu den Kirchen zu kommen. Die hier schien nicht so eifrig zu sein. Mal eine Ausnahme. Eine hübsche und ziemlich junge Ausnahme übrigens." (Seite 32)

oder wenn in einem der letzten Abschnitte des Jungen plötzlich aus der Perspektive Judiths erzählt wird:

„Himmel, dachte Judith, wie soll ich ihm das erklären? Hast du ihn dir genau angesehen? fragte sie." (Seite 135)

Zweifelhaft bleiben auch Stellen wie:

„Er fühlte wieder die Wut, die er auf Gregor hatte. Er wußte nicht, daß es die Wut auf die Partei war, die er an Gregor ausließ." (Knudsen – Gregor – Judith", Seite 127),

wo deutlich ein allwissender Erzähler hinter dem erlebenden Subjekt sichtbar wird, der mehr weiß als die Figur.

(2) In dieser Erzähltechnik ist eigentlich keine Beschreibung neben dem Erleben der Personen möglich, wir erfahren also von der Außenwelt nur so viel, wie sich im Innern der fünf Subjekte spiegelt. Wir machen das an zwei zentralen Beispielen deutlich: der Beschreibung der handelnden Personen und der Darstellung der Handlungsorte.

(a) Da ein übergreifender Erzähler fehlt und die Gestalten sich nicht selbst beschreiben können[8], erfahren wir über das Aussehen der Hauptgestalten erst dann etwas, wenn sie von einer anderen Person bewußt wahrgenommen werden, d. h. wenn sie für dieses erlebende Subjekt zum Objekt werden. Wir können uns zum Beispiel erst dann eine Vorstellung von der äußeren Erscheinung Gregors machen, wenn dieser als Objekt in einem anderen Bewußtseinsstrom auftaucht. So sehen wir ihn mit den Augen Helanders:

---

8 Eine Ausnahme bildet Gregors auf sich selbst bezogene Überlegung: „Er wußte, daß er unauffällig aussah, ein magerer junger Mann, etwas unter mittelgroß, mit einem grauen Anzug und dunklen Haaren, ein Mann, wie es ihn überall gab." (Seite 60)

„Der Pfarrer sah Gregor an.
Er sah nicht mehr, als was Knudsen gesehen hatte: einen jungen Mann, eher klein als groß, glatte schwarze Haare über einem mageren Gesicht, einen grauen Anzug, Fahrradklammern an den Hosen." (Seite 49/50)

und mit den Augen Judiths:

„Sie versuchte, die dunkle Luft der Kirche, die zwischen ihrem Gesicht und dem seinen lag, mit ihren Blicken zu durchdringen, aber sie konnte nicht mehr entziffern als ein mageres, helles, unauffälliges Gesicht, ein Gesicht, das einem Automonteur gehören konnte oder einem Laboranten oder einem Mann, der Manuskripte entzifferte, deren Texte ihn nicht interessierten, oder einem Flieger. Etwas sehr Erfahrenes und Altes lag in diesem jungen Gesicht, und zwischen Augen und Mund hatte sich ein nüchtern hingenommener, offenbar nicht sehr schmerzhaft empfundener Leidenszug eingetragen, aber die Schläfen und das Kinn zeigten Schläue, verrieten Tempo, verlässige Schnelligkeit und Intelligenz. Den Ausdruck und die Farbe seiner Augen konnte sie nicht erkennen, aber seine Haare erkannte sie als glatt und schwarz, sie fielen ihm manchmal locker ins Gesicht, und dann mußte er sie wegstreichen. Hauptsächlich aber wirkte er unauffällig." (Seite 102)

In Gregors Bewußtseinsstrom wiederum spiegeln sich Knudsen (Seite 43), Judith (Seite 55 und 104) und vor allem der „Lesende Klosterschüler" (Seite 39/40).

(b) Auch die Orte der Handlung werden nicht unabhängig von den Wahrnehmungen der Subjekte beschrieben. So kennen wir von Rerik nur Ausschnitte, nur den Teil, in dem die Personen sich bewegen: das Versteck des Jungen am Fluß, den Hafen, das „Wappen von Wismar", die St. Georgenkirche und das Pfarrhaus, und schließlich den Fluchtweg über die Lotseninsel. Durch die bei-

den Fremden, Gregor und Judith, erhalten wir dazu noch ein Gesamtbild der Stadt, von der Moräne (Seite 20) bzw. dem Bahnhof (Seite 18) aus gesehen. Trotzdem entsteht im Bewußtsein des Lesers bei der Lektüre eine sehr eindringliche, konkrete räumliche Vorstellung. (Wir überprüfen das, indem wir aus den vielen verstreuten Einzelangaben einen Lageplan für die Romanhandlung entwerfen – Beispiel siehe MAT 3). Dies beruht einerseits darauf, daß die äußere Handlungssituation die Personen zwingt, die örtlichen Gegebenheiten bewußt wahrzunehmen und in ihre Überlegungen einzubeziehen, um sich gegen die Bedrohung zu behaupten, andererseits aber darauf, daß gerade für Alfred Andersch Orte nicht nur äußere Szenerie einer Handlung darstellen, sondern in ihrer präzise erfaßten und gestalteten Atmosphäre zum Spiegelbild innerer Vorgänge werden.[9] Darauf müssen wir bei der Besprechung der Gestalten noch ausführlicher eingehen.

Der weitere Gang der Besprechung steht nun unter der Frage: wie ist es möglich, aus dieser eingeschränkten Innensicht personaler Perpektiven eine ganze Romanhandlung in ihren vielfältigen Beziehungen und Verästelungen zu gestalten? Wir wollen das untersuchen, indem wir wiederum vom Wesen des Bewußt-

9 Siehe dazu Alfred Andersch in einem Interview: „Auch in meinen Erzählungen gehört ja die exakte Schilderung des Tatorts zur Struktur: man muß ihn schmecken, riechen, spüren können . . . Die Figur muß sich mit ihrem Ort identifizieren, weil der Ort eine absolute Erlebnis-Struktur des Menschen bildet."
(Über Alfred Andersch, hrsg. v. Gerd Haffmans, Diogenes Bd. 53, Zürich 1974, S. 110)

seinsstroms und seinen Möglichkeiten ausgehen.

(3) Der Bewußtseinsstrom ist zwar räumlich an den Standort der betreffenden Person gebunden, ist aber ungebunden in der Zeit. Nicht nur die Gegenwart ist es, mit der er sich beschäftigt, sondern auch die Vergangenheit, denn sie ist als Erinnerung stets gegenwärtig. Das ist eine für den modernen Roman sehr wichtige Erkenntnis, daß im Bewußtsein nicht das unumstößliche Nacheinander der Zeit gegeben ist, sondern die assoziative Gleichzeitigkeit des „einst" und „jetzt". Und diese Vergangenheit, die im Bewußtsein gegenwärtig ist, ist nicht nur als tote Erinnerung da, sondern sie beeinflußt das „jetzt", sie wirkt in die Gegenwart hinein.[10]

(a) Diese Möglichkeit bewirkt in unserem Roman eine Zeitausweitung in die Vergangenheit. Denn obwohl die erzählte Handlung nur etwas mehr als zwölf Stunden dauert, umfaßt der Bewußtseinsstrom der Personen eine viel größere Zeitspanne, er reicht weit in die Vergangenheit zurück, oder besser gesagt: die Vergangenheit wirkt bis in die gegenwärtige Handlung herein. Das ist mit ein Grund, warum die Gestalten in diesem Roman so plastisch wirken: sie sind nicht nur auf die gegenwärtige Handlung beschränkt, sondern sie haben eine tiefere Dimension durch ihr vergangenes Erleben, das ständig durchscheint und als Erinnerung gegenwärtig ist. Diese Eigenschaft des Bewußtseinsstroms ermöglicht aber auch erst die besondere Handlungsstruktur dieses Romans, die wir fast „dramatisch" nennen können: der Roman erzählt die Geschehnisse nicht kontinuierlich von Anfang an, sondern er setzt in der Mitte ein, an dem „prägnanten Moment"[11], an dem die Handlung sich zuspitzt; das ist die Ankunft Gregors und Judiths in Rerik und Helanders Entschluß, sich wegen der bedrohten Figur an Knudsen zu wenden. Die notwendige Vorgeschichte wird dann im Verlauf der Handlung zwanglos als assoziativ aufsteigende Erinnerung im Bewußtseinsstrom dargestellt; so zum Beispiel bei Knudsen, als er nachdenklich seine Frau betrachtet:

„Wenn ich nicht aufpasse, dachte er, werden sie auch dich zu den Irren bringen, obwohl du gar nicht irre bist. Sie hat nur einen kleinen Tick, überlegte er. Es lag ein paar Jahre zurück, daß sie begonnen hatte, diesen Witz von den Irren . . . zu erzählen . . . Sie erzählte ihn überall, aber sie erzählte ihn seit Jahren, und nach einer Weile hatte die Stadt aufgehört, über Bertha Knudsen zu reden. Doch vor einem Jahr war einer von den Anderen zu Knudsen gekommen . . ." (Seite 13/14),

oder noch deutlicher bei Judith, in deren Bewußtsein die letzte Szene mit ihrer Mutter wieder lebendig wird:

„Du mußt dich entschließen, Kind, hatte Mama erst gestern gesagt. Judith blickte auf das Waschbecken und den Koffer und dachte wieder an den Parterresalon ihres Hauses am

---

10 Sehr deutlich hat das Virginia Woolf an einer Stelle ihres auch im Bewußtseinsstrom gestalteten Romans „Mrs. Dalloway" ausgesprochen: "– the moment of this June morning on which was the pressure of all the other mornings, . . ." (V. Woolf, Mrs. Dalloway, Albatross Library, Vol. 4867, 1947, p. 54)

11 Vgl. Schiller über die poetische Organisation des Wallenstein-Stoffs im Brief an Goethe vom 2. Oktober 1797

Leinpfad, an das letzte Frühstück mit Mama . . . und wie sie die Tasse klirrend niedergesetzt und gerufen hatte, daß sie Mama nie, nie, nie allein lassen würde." (Seite 17)

Die Vorgeschichte im Plusquamperfekt ist hier in die im Präteritum stehende Gegenwartshandlung verwoben.

Selbst umfangreichere Erinnerungen der Personen, etwa Gregors Rückblick auf sein Tarasovka-Erlebnis (Seite 21/22), sind so in die Gegenwartshandlung eingebettet, daß der Eindruck der szenischen Gegenwart nicht verloren geht.

In der traditionellen Erzählweise erfolgt das Nachtragen der Vorgeschichte durch den allwissenden Erzähler, der an den entsprechenden Stellen in die Vergangenheit zurückgreift und dem Leser die zum Verständnis notwendigen Erklärungen gibt. Beispiele für diese Erzähltechnik nehmen wir wieder aus „Kleider machen Leute" (siehe MAT 2c).

Die personale Erzählposition setzt an die Stelle dieses Rückgriffs durch den Erzähler die im Bewußtseinsstrom durch Assoziationen geweckte Erinnerung.

(b) Aber nicht nur die weit zurückliegende Vorgeschichte der Handlung wird in unserem Roman als Erinnerung in den Bewußtseinsstrom eingebettet, auch die Gegenwartshandlung selbst wird nicht kontinuierlich dargestellt, sondern nur punktuell: wir erleben hier im Bewußtseinsstrom der Personen nur die prägnanten Momente der Handlung direkt mit. Was dazwischen liegt, wird später rückblickend als aufsteigende Erinnerung im Plusquamperfekt berichtet. Ein gutes Beispiel dafür findet sich an der Stelle, als Helander zu Knudsen und

Gregor in die Kirche tritt (Seite 48/49, MAT 4b). Hier ist die Erinnerung direkt eingeschoben in den Ablauf der Handlung. An diesem Beispiel läßt sich auch sehr schön zeigen, daß die Erinnerung eigentlich keine meßbare zeitliche Dauer hat, daß sie höchstens Bruchteile von Sekunden in Anspruch nimmt, da wir uns ja die Sätze Helanders am Anfang und am Schluß des Zitats zusammenhängend und ohne Pause gesprochen vorstellen müssen. Wir greifen damit einen Aspekt auf, der bereits in der Einführungsphase angesprochen wurde (2. Stunde, Abschnitt 4c), der aber erst jetzt am Text nachgewiesen werden kann. Ein weiteres Beispiel dafür, wobei die zwischen Frage und Antwort im Bewußtsein aufsteigende Erinnerung einen noch größeren Umfang hat, findet sich in dem ersten Gespräch zwischen Helander und Knudsen (Seite 27/28).

Die in diesem Zusammenhang der punktuellen Erzählweise spürbar gewordene Eigenart unseres Romans, die Überlagerung von Handlungsablauf und Gespräch durch Reflexion, wird uns in diesem und dem nächsten Kapitel noch ausführlicher beschäftigen.

(c) Während so der Bewußtseinsstrom durch Erinnerung die weiter zurückliegende wie die unmittelbare Vergangenheit mit einbezieht, ist ihm jedoch die Zukunft verschlossen. Der Mensch kann wohl seine Gedanken in die Zukunft richten, aber dabei handelt es sich immer um Wünsche, Hoffnungen oder Befürchtungen, nie um echte Vorausschau. Daher sind auch in einer personalen Erzählposition Voraussagen über die Handlung unmöglich. Nur ein über der

Handlung stehender „allwissender" Erzähler kann aus seiner Erzähldistanz heraus solche Voraussagen geben oder gar die ganze Handlung schon am Anfang zusammenfassen.[12]

Der durch die personale Erzähltechnik notwendige Verzicht auf Vorausdeutungen führt bei „Sansibar" für den Leser zu einer verstärkten Spannung, die deutliche Ähnlichkeiten zu Strukturen des Kriminalromans aufweist.[13]

(4) Wir wenden uns nun einem weiteren Problem zu: Der Bewußtseinsstrom einer Person kann nur dadurch in den Ablauf eines Geschehens eingeordnet werden, daß er sich ständig an der Außenwelt orientiert und damit feste Bezugspunkte gewinnt. Nur so ist es zum Beispiel möglich, zwei sonst völlig isoliert nebeneinander stehende Bewußtseinsströme aufeinander zu beziehen, sie zeitlich und räumlich einzuordnen und daraus einen Handlungsablauf zu entwickeln. Dieses Problem heißt für uns konkret: wodurch werden die fünf verschiedenen personalen Perspektiven in diesem Roman verbunden und in Beziehung zueinander gesetzt?

In der traditionellen Erzählweise ist dieses Problem leicht zu lösen. Die Frage lautet hier: wie werden gleichzeitige, aber an verschiedenen Orten stattfindende Ereignisse in ihrer Gleichzeitigkeit dargestellt? Die Antwort ist einfach: der allwissende Erzähler orientiert den Leser. Bezeichnend dafür sind sprachliche Wendungen wie „während", „un-

terdessen", „inzwischen", „um diese Zeit" und ähnliche. Dafür lassen sich wieder zahlreiche Beispiele aus „Kleider machen Leute" anführen (MAT 2d).

Doch wie ist es möglich, verschiedene personale Perspektiven ohne Eingriff eines Erzählers aufeinander zu beziehen? Dafür gibt es zwei Möglichkeiten: entweder werden die Personen als Träger dieser Perspektiven in der Handlung, zum Beispiel im Gespräch, zusammengeführt, oder aber – und dies ist notwendig, solange die Personen isoliert stehen – werden ihre Bewußtseinsströme durch einige feste Bezugspunkte der Außenwelt verbunden, so daß der Zusammenhang inhaltlich gegeben ist – also etwa durch Zeit- und Ortsangaben oder durch gemeinsame Hinweise auf Personen, Dinge und Themen.

(a) Wir untersuchen zunächst diese zweite Möglichkeit. Sie wird in unserem Roman besonders in den ersten neun Abschnitten der Einleitung deutlich, wo die Personen isoliert stehen und nacheinander in ihrem Bewußtseinsstrom dargestellt werden. Auch ohne eine durch einen Erzähler hergestellte Verbindung spüren wir doch beim Lesen sofort den Zusammenhang zwischen diesen einzelnen Perspektiven. Das wird durch ein Netz von inhaltlichen Bezügen erreicht, sowohl zeitlich-räumlich als auch von den Themen her. Wir sammeln solche Bezüge und ordnen sie schematisch in einer Tafelskizze (Beispiel siehe Stundenblatt), getrennt nach Zeitangaben, Ortsangaben und gemeinsamen Themen. Den Schülern wird damit die enge Verflechtung der Abschnitte sehr schnell deutlich.

---

12 Als Beispiel sei nur an „Michael Kohlhaas" erinnert: „Das Rechtgefühl aber machte ihn zum Räuber und Mörder."
13 Hinweise dazu bei Geißler, a. a. O. S. 219 f. und bei Zimmermann, a. a. O. S. 208 f.

(Wenn die Unterrichtsplanung es erlaubt, kann dieses Schema auch als Hausarbeit entworfen werden.)

(b) Besonders wichtig wird diese Art der Verbindung von Bewußtseinsströmen für Judith, da sie erst verhältnismäßig spät mit den anderen Gestalten in persönlichen Kontakt kommt und lange Zeit allein steht. Es ist dabei notwendig, zu zeigen, daß ihr Erleben bei aller Isoliertheit doch nicht völlig außerhalb des Geschehens verläuft, sondern immer auf die Handlung bezogen bleibt.

Auch hier finden sich die Bezugspunkte in der Außenwelt, indem Judith zum Beispiel in ihrem Bewußtsein Dinge wahrnimmt, die auch für andere Personen eine Rolle spielen. Dafür zwei Beispiele: Nach dem Abschnitt, in dem die Unterredung zwischen Knudsen und Helander dargestellt wird, setzt der nächste Abschnitt in der Perspektive Judiths ein:

„Sie setzte sich an einen Tisch in der zu dieser Stunde leeren Gaststube und bestellte Tee und ein Wurstbrot. Dann blickte sie zum Fenster hinaus, auf den leeren Hafen. An der Kaimauer sah sie einen Geistlichen stehen, der sich mit einem Fischer unterhielt. Mit dem Fischer des einzigen Kutters, auf dem sich Leben regte." (Seite 31)

Dann erlebt sie, wie der Wirt „mit großem Krach" beginnt, leere Bierkästen auf die Straße zu tragen (Seite 32), eben denselben Vorgang, der Knudsen im vorhergehenden Abschnitt veranlaßt, das Gespräch mit Helander abzubrechen (Seite 29/30), der sich daraufhin entfernt; und das wiederum beobachtet Judith:

„Sie sah wieder zum Fenster hinaus. Der Geistliche, der mit dem Fischer gesprochen

hatte, kam jetzt über den Platz. Er ging an einem Stock. Judith sah, daß er Schmerzen haben mußte, denn in seiner Haltung war etwas Angestrengtes, so, als müsse er sich beherrschen, um sich nicht völlig über seinen Stock zu krümmen." (Seite 32)

So werden hier zwei nebeneinander her laufende Handlungen miteinander verflochten und aufeinander bezogen. In Judiths personaler Perspektive erscheinen dabei Helander und Knudsen völlig korrekt als „ein Geistlicher" und „ein Fischer", da Judith ihre Namen ja nicht kennen kann. Und daß Helander Schmerzen hat, kann sie auch nur erschließen aus dem, was sie sieht, nämlich aus seiner gebeugten Haltung. Ganz ähnlich wird dann später Judith in Gregors Perspektive einfach als „eine Jüdin" erscheinen. (Seite 55)

Ein weiterer wichtiger Bezugspunkt ist durch die Ankunft des Dampfers gegeben: Helander sieht zunächst, wie weit draußen ein kleiner Dampfer auf Rerik zufährt (Seite 29), derselbe Dampfer, dessen Erscheinen Judith benützt, um das Vorzeigen ihres Passes für den Augenblick zu vermeiden:

„Sie mußte Zeit gewinnen. In diesem Augenblick sah sie den Dampfer." (Seite 34)

Sie geht hinaus, um beim Anlegen zuzusehen, und dort wird sie dann von Gregor beobachtet. (Seite 55)

(c) Durch solch ein Netz von verschiedenen Bezugspunkten werden die einzelnen Bewußtseinsströme miteinander verbunden und zueinander in ein zeitliches Verhältnis gestellt („gleichzeitig" oder „danach").

Ein gutes Beispiel für dieses „Netz von Beziehungen" (Seite 63) findet sich in dem Abschnitt „Judith – Gregor – Knudsen", als sich diese drei Personen am Hafen befinden, Knudsen auf seinem Kutter, Gregor und Judith unter der die Ankunft des Dampfers beobachtenden Menschenmenge. Ohne daß sie miteinander in direkten Kontakt kommen, sind sie doch durch ihre Bewußtseinsströme verbunden, die sich überkreuzen und (bei Gregor und Knudsen) die anderen Personen als Objekte in sich aufnehmen. Die drei Perspektiven wechseln sich ständig ab, wobei der Übergang von einem Bewußtseinsstrom zum andern immer durch Nennung des Namens kenntlich gemacht wird. Wir greifen nur einige solcher Übergänge als Beispiele heraus, wobei wir das erlebende Subjekt jeweils kursiv setzen:

„... und in den Böen sah *Gregor* das schwarze Haar des Mädchens, wie es in Strähnen und Schleiern über ihr Gesicht flatterte.
Es war überhaupt Bewegung in den Hafen gekommen. *Knudsen*, auf dem Deck der „Pauline" stehend, sah mit Mißfallen, daß die ersten Kutter vom Fang zurückkamen; ..." (Seite 56)

oder:

„Ich kann nicht weg, dachte *Knudsen*, als er ihr nachsah, was soll aus Bertha werden, wenn ich nicht da bin?
Gregor faßte in seine Hosentasche und vergewisserte sich, daß er den Schlüssel hatte, den Schlüssel zur Georgenkirche. Er erinnerte sich an sein Fahrrad, das noch immer am Pfarrhaus lehnte." (Seite 60)

und dann sogar nicht einmal durch einen Absatz getrennt:

„... aber lieber wären mir die schwedischen Matrosen, dachte *Judith*, sie fror, und langsam ging sie auf das weiße Haus zu. Sie riskiert es also, dachte *Gregor*." (Seite 62)

Zwischen den einzelnen Übergängen bleibt dann die personale Perspektive der als Subjekt genannten Person einheitlich.

(5) Nachdem wir nun gezeigt haben, wie die isolierten Bewußtseinsströme der personalen Perspektiven durch ein Netz von Beziehungen miteinander verbunden werden, gehen wir einen Schritt weiter. Die Personen bleiben ja nicht ständig allein für sich, sondern sie werden durch die Handlung zusammengeführt; das Geschehen setzt menschliches Miteinander voraus, das zunächst im Gespräch, im Dialog, zum Ausdruck kommt. Unsere Frage heißt nun: wie ist der Dialog in diesem Roman gestaltet? Wir verlassen damit die Anfangsabschnitte, in denen die Personen isoliert nebeneinander stehen und die daher auch nur einen Namen als Überschrift tragen, und wenden uns Abschnitten zu, in denen die Personen im Gespräch miteinander dargestellt sind. Wir wählen dazu den Abschnitt „Knudsen – Gregor" (Seite 41–47), also die Unterredung der beiden in der Kirche. Als Arbeitsmaterial dient uns zunächst nur ein kleiner Ausschnitt aus diesem Gespräch (MAT 4c), an dem wir die Eigenart der Dialoggestaltung untersuchen. Wir lassen dann die Schüler ähnlich gebaute Dialoge heraussuchen und selbständig analysieren. (Beispiele finden sich in vielen anderen Abschnitten, etwa in „Helander – Knudsen", Seite 24–30, oder in „Helander – Knudsen – Gregor", Seite 48–54, oder bereits bei Judiths Gespräch mit dem Wirt, Seite 32.)
Die Analyse des in den Materialien vorliegenden Gesprächsausschnitts ergibt

eine eigenartige „Doppelung" des Dialogs: neben dem eigentlichen Gespräch werden uns zusätzlich noch die Gedanken der Personen mitgeteilt, so daß die Darstellung, in dem Gegensatz von „dachte er" und „sagte er", zunächst wie ein dauernder Wechsel zwischen Innenwelt und Außenwelt erscheint. Das wahre Wesen der Gestalten zeigt sich dabei nicht im gesprochenen Dialog – dort wird es im Gegenteil direkt verhüllt – sondern in den geheimen Gedanken, die ihre Worte im Bewußtseinsstrom begleiten. Diese Diskrepanz zwischen Gedanken und Aussagen ist deutlicher Ausdruck des zwischen den Gestalten anfangs vorherrschenden Mißtrauens, sie weist auf die in der Bedrohung bestehende Isolierung und Entfremdung der Personen hin. Erst das gemeinsame Handeln, die Teilnahme an der „Aktion Lesender Klosterschüler", kann dieses Mißtrauen wenigstens teilweise überwinden, so daß die „doppelten" Dialoge in den letzten Abschnitten (abgesehen vom Verhältnis Gregor – Knudsen) seltener werden.

Aber noch etwas anderes fällt auf und ist in diesem Zusammenhang wichtig: die wörtliche Rede steht nicht in Anführungszeichen und wird daher äußerlich nicht vom Bewußtseinsstrom unterschieden. In der traditionellen Erzählweise wird die wörtliche Rede der Personen immer durch Doppelpunkt eingeleitet und zwischen Anführungszeichen gesetzt. Dadurch wird die Rede eigentlich verselbständigt und von den Gestalten losgelöst, so daß sie von jedem Außenstehenden vernommen werden kann. Hier aber ist die wörtliche Rede in den Bewußtseinsstrom integriert, mit den Gedanken der Personen verschmolzen, und der Unterschied besteht nur noch in dem einführenden „dachte er" oder „sagte er". Eigentlich hört man diese wörtliche Rede nicht mehr von außen als laut gesprochene Sätze, sondern man erlebt sie von innen, aus dem Bewußtsein der Gestalten heraus, sei es nun aus dem Bewußtsein des Sprechenden oder des Hörenden. Diese Innensicht der wörtlichen Rede ist eine konsequente Verwirklichung der personalen Perspektive des erlebenden Subjekts. Sie entspricht vollkommen der realen Situation. Denn daß wir unsere eigenen Worte nicht von außen, sondern „von innen" hören, zeigt sich daran, daß wir auch den Klang unserer eigenen Stimme völlig anders „im Ohr haben", als ihn offenbar unsere Gesprächspartner von außen wahrnehmen, was uns spätestens bewußt wird, wenn wir einmal unsere eigene Stimme, zum Beispiel auf einer Tonbandaufzeichnung, wirklich wie eine fremde Stimme von außen hören, wobei wir meist über den Unterschied erstaunt sind.

Dieses Verschmelzen von Gedanken und wörtlicher Rede im Bewußtseinsstrom zeigt sich an einer Stelle unseres Textausschnitts besonders deutlich, an der zunächst überhaupt nicht klar ist, ob es sich um Gedachtes oder Gesprochenes handelt, da das erläuternde „dachte er" hier nachgestellt ist:

„Hast du mir viel zu erzählen, fragte Knudsen. Oder können wir es gleich hier abmachen?
Ich will schnell wieder weg, dachte er."

(6) Nachdem wir nun gezeigt haben, wie der Dialog ganz aus der Innensicht des

Bewußtseinsstroms heraus dargestellt wird, erhebt sich die Frage, ob diese Erzähltechnik auch allgemein für die Darstellung der äußeren Handlung gilt, d. h. also, ob auch Gesten und Handlungen der Personen von innen her gesehen und dargestellt werden, oder ob es hier einen selbständigen Bereich der Außenwelt gibt mit einem zusätzlichen „objektiven" Erzähler, der „gleichsam die Funktion der Regiebemerkungen in einem dramatischen Text übernimmt."[14]

(Wir haben uns mit dieser Frage nach einem übergreifenden Erzähler bereits zu Beginn unseres Kapitels beschäftigt und sie dort – vgl. 2a und 2b – für Teilbereiche negativ beantwortet: die Beschreibung von Personen und Orten der Handlung erfolgt ganz aus der Innensicht des Bewußtseinsstroms).

(a) Wir gehen bei den folgenden Untersuchungen wieder von den ausgewählten Materialien (MAT 4) aus, versuchen aber, die Ergebnisse durch weitere Belege zu stützen.

„Du bist vom Jugendverband, Genosse? fragte er Gregor. Gregor nickte. Er ist eigentlich schon etwas zu alt für den Jugendverband, dachte Knudsen." (MAT 4c)

Gregors Geste wird nicht als eine von außen kommende „Regiebemerkung" eingefügt, sie ist vielmehr deutlich (schon vom Druckbild her) in Knudsens personale Perspektive eingebettet; die Geste wird von Knudsen wahrgenommen und ist damit Bestandteil seines Bewußtseinsinhalts.

Fast noch überzeugender läßt sich diese Einbettung äußerer Vorgänge in den

Bewußtseinsstrom eines wahrnehmenden Subjekts an einer anderen Stelle zeigen, nämlich bei dem ersten Zusammentreffen zwischen Gregor und Judith, wobei Gregors Verhalten aus Judiths Sicht dargestellt wird:

„Sie versuchte die Dunkelheit mit ihren Blicken zu durchdringen, und endlich erkannte sie eine Spur von Bewegung, die mit dem leisen, fast geflüsterten Schall neuer Worte auf sie zukam.
Was haben Sie denn jetzt vor?
Der Sprecher kam auf sie zu, er war ganz schnell bei ihr und faßte sie am Arm, ein Mann nicht größer als sie selbst, ein junger Mann, dessen Gesicht ich heute abend schon einmal gesehen haben muß, dachte Judith." (Seite 95)

Hier zeigt der durchgehende letzte Satz eindeutig, daß es in dieser Erzähltechnik keine Trennung von „objektiver" Außenwelt und „subjektiver" Innenwelt gibt, sondern daß äußere Vorgänge als Wahrnehmung im Bewußtseinsstrom dargestellt werden.

(b) Dies gilt auch für die Darstellung des eigenen Handelns einer Person. Wir betrachten unter diesem Gesichtspunkt noch einmal den Textausschnitt MAT 4b: Helander erinnert sich nicht nur an seine Gedanken und Empfindungen der letzten halben Stunde, sondern auch sein vergangenes Handeln, seine einzelnen Handgriffe, sein ganzes Verhalten im Studierzimmer werden ihm jetzt in der Kirche in der Erinnerung wieder gegenwärtig, er sieht sich gewissermaßen selbst vor seinem inneren Auge.
Der erinnernde Rückblick integriert die äußeren Vorgänge in den Bewußtseinsstrom und bewirkt damit die einheitliche Innensicht. (Das ist auch der Grund für

---

14 Zimmermann, a. a. O. S. 210

die häufige Verwendung der reflektierenden Rückblende in diesem Roman, für das „punktuelle" Erzählen, wie es in diesem Kapitel – vgl. 3b – dargestellt wurde.)

(c) Diese einheitliche Innensicht läßt sich jedoch auch für das gegenwärtige, den Bewußtseinsstrom begleitende Verhalten einer Person nachweisen:

„Judith blickte auf das Waschbecken und den Koffer und dachte wieder an den Parterresalon ihres Hauses am Leinpfad." (MAT 4a)

Es ist nicht nur die syntaktische Komponente, das enge Nebeneinander von Geste und Gedanke in demselben Satz, was in diesem Beispiel die einheitlich personale Perspektive bewirkt, sondern darüber hinaus noch die inhaltliche Beziehung zwischen den beiden Bereichen, d. h. ihre assoziative Verknüpfung: weil dieser Blick auf Waschbecken und Koffer (die „äußere" Geste) die Erinnerung an die Vergangenheit hervorruft, weil er also Bewußtseinsaktivität auslöst, wird er Judith selbst bewußt.
Ein weiteres gutes Beispiel für diese assoziative Verknüpfung haben wir bereits in der 2. Stunde besprochen: es handelt sich um den ersten Abschnitt „Der Junge", auf den wir in diesem Zusammenhang noch einmal zurückgreifen können.
Als Ergebnis können wir festhalten: Auch äußere Handlungsvorgänge werden von innen her, aus der personalen Perspektive der fünf Subjekte dargestellt; es gibt also keinen ständigen Wechsel zwischen Außenwelt und Innenwelt. Diese, durch Einbeziehung der Außenwelt in den Bewußtseinsstrom erreichte einheitliche Innensicht ist das

entscheidende Kennzeichen der Erzähltechnik dieses Romans.

(7) Wir schließen dieses umfangreiche Kapitel ab, indem wir nach den Auswirkungen dieser Erzähltechnik für die Darstellung des Menschen fragen; eine Frage, die gleichzeitig die Überleitung zum nächsten Kapitel bildet, das sich mit den Gestalten dieses Romans beschäftigt.
Da diese Erzähltechnik die Außenwelt nur als Spiegelung im Bewußtsein der Personen einbezieht, stehen in dem Roman die Gestalten im Vordergrund des Interesses, vor dem äußeren Handlungsablauf. Die fünf Gestalten werden nicht oberflächlich als Träger einer Handlung gesehen, sondern sie haben (wie wir gezeigt haben) durch die ständig gegenwärtige Erinnerung die sie prägende Dimension der Vergangenheit und werden darüber hinaus durch die Erzähltechnik des Bewußtseinsstroms von innen her in einer tieferen Dimension ihres eigentlichen Wesens erfaßt. Diese tiefere Dimension soll nun abschließend an einem Textausschnitt sichtbar gemacht werden.
Wir wählen dazu einen Abschnitt aus dem ersten Helander-Kapitel (Seite 9/10, siehe MAT 4d).

(a) Ein Vergleich der kursiv gesetzten Sätze ergibt, daß das erläuternde „dachte er" eigentlich nur beim zweiten Satz notwendig ist, um diesen Satz als Bewußtseinsinhalt auszuweisen, da es sich dabei um einen „formulierten" Gedanken handelt. Die anderen beiden Sätze dagegen würden auch ohne diese Erläuterung als innere Überlegungen

Helanders erscheinen. Die Erläuterung steht hier nur verstärkend, indem sie das „Unformulierte" dieses Bewußtseinsstroms noch deutlicher betont. Die beiden Sätze reichen sozusagen noch tiefer in die unteren Schichten des Bewußtseins hinab als der formulierte Gedanke, der gewissermaßen schon an die Oberfläche des Bewußtseins gestiegen ist. Das zeigt sich auch deutlich daran, daß der Satz „Niemals ist jemand über diesen Platz gegangen" den folgenden „unformulierten" Bewußtseinsstrom erst auslöst; dieser Satz wird im Bewußtsein objektiviert und als Kristallisationspunkt für die folgenden Überlegungen benützt („Es war ein absurder Gedanke . . .").

(b) Dieses Erfassen eines tieferen Bereiches der Bewußtseinsvorgänge einer Person, wobei das allmähliche Entstehen von Gedanken sichtbar wird, beruht auf einer sprachlich-stilistischen Eigenart dieses Romans.

Es ist auffällig, daß häufig Satzteile des vorangegangenen Satzes in den folgenden Sätzen zum Teil mehrmals direkt wiederholt oder später in abgewandelter Form wiederaufgenommen werden:

„*Knudsen würde helfen,* dachte Pfarrer Helander, *Knudsen* war nicht so. Er trug nicht nach. Gegen den gemeinsamen Feind *würde er helfen* . . .
Weshalb nur *Knudsen helfen konnte.*" (MAT 4d)

Oder:

„Wenn Knudsen nicht zu dem Treff *ging,* konnte der Instrukteur schwarz werden vor Warten. . . . Wenn er aber *hinging,* so verstrickte er sich in die Maßnahmen, die die Partei traf, dachte Knudsen. Er konnte nicht *hingehen* und die Anweisungen der Partei

dann nicht ausführen. Wenn er das wollte, brauchte er gar nicht erst *hinzugehen*." (Seite 15)

Oder:

„Sie hatte sich Rerik ganz anders vorgestellt. *Klein und bewegt und freundlich.* Aber es war *klein und leer, leer und tot* unter seinen riesigen *roten Türmen.* Erst als Judith aus dem Bahnhof trat und die *Türme* erblickte, hatte sie sich daran erinnert, daß Mama von diesen *Türmen* entzückt gewesen war. Das sind *keine Türme,* hatte sie immer gesagt, das sind *Ungeheuer, wunderbare rote Ungeheuer,* die man streicheln kann. Unter dem *kalten Himmel* aber kamen sie Judith wie *böse Ungeheuer* vor. . . .
Judith hörte auf, in ihrer Handtasche zu kramen, und dachte an ihren *Namen. Judith Levin.* Es war ein stolzer *Name, ein Name, der* abgeholt werden würde, *ein Name, der* sich verbergen mußte. Es war furchtbar, *Judith Levin* zu sein in einer *toten* Stadt, die unter einem *kalten Himmel* von *roten Ungeheuern* bewohnt wurde." (Seite 18/19)

Diese „Technik der Überlappung"[15] oder der „ausgreifenden Wiederholung"[16] vermittelt das Gefühl vorsichtigen Tastens, ständigen Umkreisens eines Problems und intensiv bohrenden Nachdenkens, das durch häufige Wiederholung Präzisierung und Sicherheit anstrebt. Erst aus der Wiederholung des Redekerns entfaltet sich der neue Gedanke, „so daß der Leser den Eindruck gewinnt, unmittelbarer Zeuge des Denkprozesses zu sein."[17]

15 Zuerst von Chr. Burgauner festgestellt und so bezeichnet (Zur Romankunst Alfred Andersch, in: Alfred Andersch, Bericht – Roman – Erzählungen, Olten und Freiburg 1965, S. 429–431)
16 Zimmermann, a. a. O. S. 211 (mit Beispielen für jede der fünf Hauptgestalten)
17 Zimmermann, a. a. O. S. 211

(c) Eben diese tiefere Dimension des Denkprozesses ist es aber auch, die die Gestalten in ihre Innenwelt einschließt und ihre Einsamkeit und Isoliertheit betont. Der Mensch wird in diesem Roman überwiegend als Schweigender dargestellt; er steht für sich allein, allein mit seinen Gedanken, allein auch mit seiner Bedrohung. (Nur in 9 von insgesamt 37 Abschnitten treten die Personen miteinander in Kontakt, alle übrigen Abschnitte sind auf den Bewußtseinsinhalt jeweils einer Person beschränkt.) Dialog und Handeln sind zunächst vom Mißtrauen gegen den andern bestimmt und bleiben an der Oberfläche. Die in der Erzähltechnik des Bewußtseinsstroms aufgedeckte tiefere Dimension entzieht sich dem gesellschaftlichen Miteinander, sie wäre nur liebendem Verstehen zugänglich. Dies wird, soweit ich sehe, nur an einer Stelle des Romans ansatzweise erreicht, und zwar zwischen Gregor und Judith, als sie gemeinsam mit dem Jungen im Boot sitzen:

„Gregor konnte die Spiegelung des Leuchtfeuers in ihren Augen wahrnehmen: sie glänzten auf und erloschen. Sie friert, dachte Gregor, sie hat sich ganz in ihren Mantel verkrochen. Dann dachte er an den Kuß, an den nicht gegebenen und nicht erwiderten Kuß, und auf einmal überfiel ihn der Gedanke, daß es ein sehr schöner, ein vielleicht hinreißender und alles verändernder Kuß hätte sein können, ein Kuß, wie er seit Jahren nicht mehr in seinem Leben vorgekommen war. Ich habe etwas versäumt, dachte er, ich habe falsch gedacht, und in Wirklichkeit habe ich mich vor diesem Kuß gefürchtet. Er bemerkte, daß Judith ihren Kopf ganz leicht wendete und ihn ansah, er war versucht, seinen Blick zu senken, aber in der gleichen Sekunde bezwang er das Gefühl, von dem er nun wußte, daß es Furcht war, und sie sahen sich an, noch immer spiegelte sich das Leuchtfeuer in ihren Augen, es glänzte auf und erlosch, ich kann die Farbe seiner Augen nicht erkennen, dachte Judith, ich stelle mir vor, daß sie grau sind, vielleicht von etwas hellerem Grau als sein Anzug, ich möchte ihn gern einmal bei Tag sehen, ich kenne nicht einmal seinen Namen, und Gregor fragte: Wie heißen Sie eigentlich?" (Seite 117/118)

Hier wird der innere Gleichklang ihres Denkens und Fühlens in einer fast einheitlichen Doppelperspektive deutlich spürbar. Die Vereinzelung ist für einen Augenblick überwunden. Allerdings bleibt dieser Gleichklang eine vorübergehende Episode. Bestimmend für den Roman ist die durch die Bedrohung erzwungene Isolierung der Gestalten, die – wie wir jetzt in diesem Kapitel gezeigt haben – in der von Alfred Andersch gewählten Erzähltechnik ihren adäquaten Ausdruck findet.

9.–11. Stunde:
Die Gestalten und ihre Leitsymbole
9. Stunde:
Die beiden Opfer – der „Lesende Klosterschüler" und Judith

In den nächsten Stunden sollen nun die Gestalten mit ihren Konflikten im Mittelpunkt des Unterrichtsgesprächs stehen, und es soll versucht werden zu zeigen, wie ihre Entwicklung durch ein Netz von Leitsymbolen gedeutet und überhöht wird.
Die in der 4. Stunde erarbeitete Struktursskizze zur Figurenkonstellation bildet dabei den Ausgangspunkt unserer Untersuchungen. Die Ergebnisse der Gruppenarbeit (Aufgaben 5–8) sollten an entsprechender Stelle eingeplant und berücksichtigt werden.

Wir wenden uns zunächst den beiden Opfern zu, dem „Lesenden Klosterschüler" und Judith.

(1) Im Zentrum der „Aktion Lesender Klosterschüler" steht als stumme Figur eben dieser „Lesende Klosterschüler" selbst. Er ist der Angelpunkt der Handlungsstruktur, wie wir bereits herausgearbeitet haben. Aber er steht darüber hinaus auch als Symbol im Mittelpunkt des Romans, und darauf wollen wir nun unser Augenmerk richten.

Daß es sich dabei um eine wirklich existierende Holzplastik von Ernst Barlach handelt (siehe Abbildung S. 51), kann in diesem Zusammenhang bereits erwähnt werden, kommt aber im Verlauf der 12. Stunde noch einmal zur Sprache.

(a) Das Kunstwerk „Der Lesende Klosterschüler" ist unmittelbar von einer äußeren Gewalt, von „den Anderen", bedroht, denn es steht „auf der Liste der Kunstwerke, die nicht mehr in der Öffentlichkeit gezeigt werden sollen" (Seite 27). Es soll ein Opfer der nationalsozialistischen Kunstdiktatur, der Unterdrückung des freien künstlerischen Schaffens, werden.

(Das nationalsozialistische Schlagwort der „Entarteten Kunst" müßte bei dieser Gelegenheit eingeführt und erläutert werden.)

(b) Diese Barlach-Figur erscheint aber darüber hinaus in sich selbst als die Verkörperung einer anderen Welt, die dieser Bedrohung entgegentritt und Widerstand leistet: Die Figur stellt einen „Klosterschüler" dar, einen Menschen also, der in festen religiösen Bindungen steht; und dieser Klosterschüler „liest", das

heißt, er ist gebildet, er steht in den geistigen Überlieferungen der abendländischen Kultur. Dieses „Mönchlein, das liest" (Seite 28) wird in der Bedrohung durch die Anderen für Helander zum „innersten Heiligtum seiner Kirche" (Seite 28), das es zu schützen gilt.

(c) Und dazu kommt bei dem „Lesenden Klosterschüler" noch etwas ganz Besonderes, etwas, das zuerst Gregor beobachtet, nämlich die Art, wie er liest: nicht versunken und selbstvergessen, kritiklos an den Text hingegeben, sondern:

„Er las ganz einfach. Er las aufmerksam. Er las genau. Er las sogar in höchster Konzentration. Aber er las kritisch. Er sah aus, als wisse er in jedem Moment, was er da lese. Seine Arme hingen herab, aber sie schienen bereit, jeden Augenblick einen Finger auf den Text zu führen, der zeigen würde: das ist nicht wahr. Das glaube ich nicht." (Seite 40)

Und deshalb ist er von den Anderen bedroht, denn „einer, der so las wie der da, war eine Gefahr" (Seite 51).

Das erkennt auch Judith, die es dann dem Jungen vereinfacht erklärt:

„Er liest alles, was er will. Weil er alles liest, was er will, sollte er eingesperrt werden. Und deswegen muß er jetzt wohin, wo er lesen kann, soviel er will." (Seite 136)

Damit wird diese stumme Figur zu einem Symbol der inneren Freiheit des Menschen, die es gegen Bedrohung, gegen gewaltsame Unterdrückung zu schützen gilt. Sie wird zu einem Bild des freien Menschen überhaupt, zu einem Zeichen, in dem sich der christliche Pfarrer Helander und der desertierende Kommunist Gregor zu gemeinsamem Handeln vereinigen.

Wie ist das möglich? – Diese Frage wird

uns direkt in die Problematik der Gestalten führen. Zunächst aber wenden wir uns noch dem zweiten Opfer zu, das aus der unmittelbaren Bedrohung gerettet werden muß: dem jüdischen Mädchen Judith.

(2) (a) Judith stammt aus einer vornehmen und gebildeten jüdischen Familie, das erkennt Gregor sofort:

„Sie sehen aus wie ein verwöhntes junges Mädchen aus reichem jüdischem Haus." (Seite 101)

Es ist eine gepflegte, großbürgerliche Welt, die in Judiths Erinnerungen aufsteigt: Villa in Hamburg, Salon mit Degas-Bild, herbstlicher Garten, Kavaliere und Tennisbekanntschaften.

(b) Aber diese Welt hat sich nun für Judith plötzlich verändert, eine ungeheure Bedrohung ist in ihr Leben getreten, die in dem Selbstmord der Mutter unmittelbar greifbar wird. Die Welt ist brutal geworden, man wird abgeholt, wenn man Levin heißt, daher muß man diese umhegte Welt verlassen, man muß fliehen. Aber Flucht heißt zunächst auf sich selbst gestellt sein, und dem ist Judith nicht gewachsen, ihre bürgerliche Erziehung versagt hier:

„Was würde Mama jetzt tun, an meiner Stelle, fragte sie sich, aber sie fand keine Antwort. Es gab Situationen, für die Mama nicht zuständig war, obwohl Mama so sicher und damenhaft gewesen war, aber sie war auch romantisch gewesen, sie hatte Judith nach Rerik geschickt, aber Rerik war nicht romantisch, man wurde hier erwachsen, man wurde hier ein zu schnell erwachsenes leichtes Mädchen, das grausam beobachten konnte und dennoch hilflos war, es war ein zu rascher Sprung gewesen, von der Georginenvilla, von der feinen, vergifteten Selbstmordvilla in die Härte einer Mädchenherumtreiberei, einer Flittchenflucht." (Seite 74)

(c) Die brutale Veränderung der Welt für Judith wird an zwei Bildern eindrucksvoll symbolisch verdichtet:
Die Türme von Rerik, die ihrer Mutter in glücklicheren Tagen noch als „wunderbare rote Ungeheuer, die man streicheln kann" (Seite 18) erschienen, wurden jetzt zu „bösen Ungeheuern" (Seite 18), und nachts am Hafen erscheinen Judith die blutigroten, angestrahlten Türme als „grelle, wütend aufgerichtete, geblendete und blutende Ungeheuer" (Seite 61), denen sie sich hilflos ausgeliefert fühlt. Daneben sind es die schwarz-weiß-roten Farben der Hakenkreuzflagge, in denen Judith ihre bedrohliche Lage erlebt: das Schwarz der dunklen und kalten Nacht am Hafen, das Rot der angestrahlten Türme, das Weiß des Gasthauses, das für sie zur Falle geworden war, und mehr noch das Weiß des Gesichtes des Wirts:

„Es war weiß und fett, aber nicht nur fett, sondern felsig. Ein weißer Block, mit einer Gelatine von Fett überzogen." (Seite 34).

Die schwedische Flagge am Heck des Dampfers scheint ihr diesem bedrohlichen Schwarz-Weiß-Rot gegenüber der einzige Hoffnungsschimmer zu sein:

„Mutlos blickte sie auf die Fahne, die blaue Fahne mit dem gelben Kreuz, die manchmal in einer Bö knatterte; sie war das einzige hier, was nicht blutigrot war, kalkweiß oder schattenschwarz." (Seite 62)

Eine solche Farbsymbolik bestimmt den ganzen Roman, wir werden ihr zum Beispiel bei der Besprechung Gregors und des Jungen wieder begegnen. Offensichtlich ist es ein typisches Merkmal von Anderschs Erzählweise, Situationen und Zusammenhänge durch die fast leitmotivische Zuordnung bestimmter Farbwerte zu deuten und einzuordnen. Eine auffällige Parallele zu Judiths Schwarz-Weiß-Rot-Erlebnis findet sich zum Beispiel in Anderschs Bericht „Die Kirschen der Freiheit" auf Seite 33 in bezug auf Hitler selbst (Kursivsetzungen vom Verfasser):

„Einige Jahre später stand ich am 9. November an der Briennerstraße zu München, als Adolf Hitler, in einer Wagenkolonne, vom Hause seines *Blut*ordens kommend, in Richtung des Odeonsplatzes fuhr. Die Mauer aus Menschen stand entlang seinem Wege, die Rufe pflanzten sich fort, und als ich sein *weißliches*, schwammiges Gesicht sah, mit dem *schwarzen* Haarstriemen in der Stirne, ... da öffnete auch ich meinen Mund und schrie: ‚Heil!‘ "

Auch das Goethe-Zitat (Seite 114) versinnbildlicht noch einmal die ungeheuere Veränderung, die Judith erlebt. Der nächtliche Fluchtweg weckt Erinnerungen an die glückliche Zeit familiärer Geborgenheit, nämlich an frühere nächtliche Spaziergänge, auf denen Judiths Vater Verse aus „Faust" rezitiert hatte. Die Einbettung der Goethe-Verse in Kälte, Trostlosigkeit und Angst der Fluchtsituation (und damit in gewissem Sinn auch ihre Relativierung) setzt Vergangenheit und Gegenwart in schroffen Kontrast und bezeichnet damit noch einmal das Ausmaß der Bedrohung für Judith.

(d) Diese Bedrohung bewirkt bei Judith einerseits eine Desillusionierung: Rettung kommt nicht von den Kavalieren mit intakten Ehrbegriffen, dieses „Plakat" hatte sich spätestens bei ihrem mißglückten Fluchtversuch als ein „Limonadenplakat" (Seite 103) erwiesen, — andererseits aber auch eine Erweiterung durch die Erkenntnis eines neuen Wertmaßstabs: das wahre Gesicht der Hilfe war „ein unauffälliges Gesicht, ein Gesicht, das sich nicht gerne zeigte, weil es in irgendwelche Arbeiten vertieft war" (Seite 103), ein Gesicht wie das Gregors. Und Gregor ist es, der sie schließlich aus der Bedrohung herausführt, in der „klassischen Rolle" des jungen Mannes, „der sich vor ein junges Mädchen stellte" (Seite 100).

Judith erlebt die Veränderung nicht nur passiv als hilfloses Opfer, sondern erreicht dabei selbständig eine neue Haltung, die sie zu echtem menschlichem Miteinander befähigt, was sich etwa an ihrer Reaktion dem Jungen gegenüber zeigt (Seite 136).

10. Stunde:
Die aktiv Helfenden – Gregor, Helander, (Knudsen)

Im Mittelpunkt des Unterrichtsgesprächs dieser Stunde soll Gregor stehen, dessen Grundsituation bereits in der Einführungsphase analysiert und in einer Strukturskizze dargestellt wurde (vgl. 3. Stunde) und den wir bei der Untersuchung der Handlungsstruktur als die treibende Kraft der „Aktion Lesender Klosterschüler" erkannt haben (vgl. 5. Stunde). Als Grundlage unserer Analyse benützen wir einen für Gregors Entwicklung zentralen Textausschnitt (Seite 60/61), der von den Schülern unter einer gegebenen Leitfrage entweder als vorbereitende Hausarbeit oder in einer Stillarbeitsphase zu Beginn der Stunde durchgearbeitet wird. Die Ergebnisse der Aufgaben 5, 6 und 8 (vgl. Seite 22) werden in das Unterrichtsgespräch einbezogen. Als fortlaufende Ergebnissicherung der Unterrichtsphasen (2) – (6) dient die allmählich als Tafelbild entstehende Strukturskizze „Gregors Entwicklung" (siehe Stundenblatt). Der Konflikt, in dem Pfarrer Helander steht, ist für Schüler dieser Altersstufe nicht so einfach zu erfassen. Die vorgetragenen Ergebnisse zu Aufgabe 7 sollten daher unter Berücksichtigung der Interessenlage der Klasse durch Lehrervortrag behutsam zusammengefaßt und ergänzt werden.

Es wird vorgeschlagen, um die Schüler nicht zu ermüden, auf eine eingehende Analyse der Gestalt Knudsens zu verzichten und nur in einem abschließenden Rückblick auf die Figurenkonstellation des Romans anhand der bekannten Strukturskizze noch einmal an seine Schlüsselposition für die erfolgreiche Durchführung der Flucht zu erinnern. Sollte allerdings dabei die Frage auftauchen, warum Knudsen eigentlich gewartet und damit die Flucht überhaupt ermöglicht habe, so müßte doch kurz auf seine Situation und Motive eingegangen werden.[18]

(1) Grundlage des Unterrichtsgesprächs bildet ein Ausschnitt aus dem bereits erwähnten, im Mittelpunkt des Romans stehenden Abschnitt „Judith – Gregor – Knudsen", in dem Gregor über seine eigene Situation reflektiert:

„Er fühlte sich noch immer bedroht, er wollte noch immer kneifen, aber auf einmal hatte das alles Zeit, die Gefahr schien einen Augenblick stillzuhalten, in den Ablauf der Flucht war eine Pause getreten. In den drohenden Tag, in den kalten, farblosen, späten Oktobertag hatten sich merkwürdige Sensationen gelegt wie farbige Emailflächen, die roten Türme von Rerik, die Erinnerung an den goldenen Schild von Tarasovka, die Figur eines jungen Mannes, der las. Und zuletzt dieses junge Mädchen. Der leere Tag hatte sich gefüllt: mit den Augen von Ungeheuern, die in die Ewigkeit der eisblauen See starrten, mit dem Gold seines ersten Verrats an einem Dogma, mit der holzbraunen Gelassenheit eines ungläubigen Lesers, mit dem Windschwarz der Haare vor einem bleichen, flüchtenden Gesicht. Er begriff auf einmal, daß er die Partei vergessen hatte und daß er frei war, befreit durch Dinge, die sich überhaupt nicht fassen ließen: Türme und Gelassenheit, Windschwarz und Verrat. Sie waren stärker als die Partei; sie waren es, nicht die Partei, die seinen schon zur Flucht gewendeten Fuß innehalten ließen, so daß er sich jetzt ziellos, fast spielerisch, am Hafen von Rerik herumtrieb . . ." (Seite 60/61)

Hier werden in symbolischer Verdichtung die wesentlichsten Stufen in Gregors Entwicklung benannt, die wir im folgenden näher betrachten wollen: der leere Tag – die Türme von Rerik und der goldene Schild von Tarasovka – die Figur eines jungen Mannes, der las – und zuletzt dieses junge Mädchen.

(2) „Der leere Tag": Gregor befindet sich bei seiner Ankunft in Rerik in einer inneren Krise. Er soll einen Auftrag im Dienste einer Partei durchführen, an die er selbst nicht mehr glaubt, von der er enttäuscht ist und von deren Weltanschauung er sich innerlich bereits gelöst hat. Dazu kommt, daß er bei der illegalen Arbeit für diese Partei zunehmend

---

18 Eine ausführliche Analyse gibt Zimmermann, a. a. O. S. 229–232

einer angstvollen Bedrohung unterworfen ist, die er selbst als Einschränkung seiner menschlichen Möglichkeiten erfährt, wie wir bei der Analyse seiner Grundsituation gesehen haben (vgl. 3. Stunde). Aus dieser Lage will er sich in Rerik durch die Flucht befreien, indem er die Bindung an die Partei endgültig zerreißt.

Es ist der Anblick der Türme von Rerik, der auf der einen Seite dieses Zerreißen erschwert,

„Aber er hatte nicht mit diesen Türmen gerechnet. Sie sahen alles. Auch einen Verrat." (Seite 21)

andererseits aber auch die Erinnerung an das Bild vom goldenen Schild von Tarasovka (Seite 21) weckt und damit Gregor in seiner Haltung bestärkt. In Tarasovka schon ist Gregor nicht bereit gewesen, Macht und Taktik allem anderen überzuordnen. In der Erfahrung des Schönen hat sich ihm hier im Gegenteil ein neuer, bestimmender Wert eröffnet. Insofern zeigt das Tarasovka-Erlebnis, daß er innerlich bereits die Bindung an eine Ideologie zerrissen hat, die in seinen Augen im Dogma erstarrt war und Menschen nur noch als Objekte bewertete. Das Problem, das sich für Gregor aus dieser Fahnenflucht ergibt, ist die Frage nach der Möglichkeit eines sinnvollen Lebens ohne jede Bindung, eine Frage, die er sich individuell stellt:

„Konnte man ohne einen Auftrag leben?" (Seite 38)

und die er im Bild der Fahne verallgemeinert:

„Kann man in einer Welt leben, in der die Flaggenmasten leer stehen?" (Seite 84)

Eine Antwort darauf findet Gregor in der Begegnung mit dem „Lesenden Klosterschüler".

(3) Warum setzt sich Gregor so für den „Lesenden Klosterschüler" ein? Ist es wirklich nur Parteitaktik im Kampf gegen die „Anderen", wie er Helander gegenüber zunächst behauptet? (Seite 52) Auch hier verhüllen Gregors Worte sein eigentliches Motiv, das erst ganz am Ende des Abschnitts in einer fast unbewußten Gebärde sichtbar wird:

„Klar, sagte Gregor, es ist Taktik. Eine neue Taktik ist etwas Wunderbares. Sie ändert alles.
Eine unverständliche und unbefriedigende Antwort, dachte der Pfarrer. Aber plötzlich sah er Gregors Hand. Sie lag auf der Schulter des ,Lesenden Klosterschülers'; in einer leichten und brüderlichen Bewegung hatte sie sich auf das Holz gelegt." (Seite 54)

Gregor setzt sich nicht nur zufällig für diese Figur ein, er rettet den „Genossen Klosterschüler", weil er zu ihm eine innere Beziehung, eine fast brüderliche Verbindung spürt. Gregor und der „Lesende Klosterschüler" gehören zusammen, denn in dieser Figur sieht Gregor das Menschenbild gestaltet, das er anstrebt:

„Ich habe einen gesehen, der ohne Auftrag lebt. Einen, der lesen kann und dennoch aufstehen und fortgehen. Er blickte mit einer Art von Neid auf die Figur." (Seite 40)

Die Gestalt des „Lesenden Klosterschülers" wird für Gregor zum neuen Leitbild, denn hier findet er beides vereinigt: Hingabe an den Text, d.h. Einsatz für eine übergeordnete Idee, und gleichzeitig Bewahrung einer inneren Freiheit der Entscheidung. Darüber hinaus eröffnet diese Figur für Gregor die Möglichkeit, selbst tätig zu werden und damit seine innere Leere zu überwinden. Indem er Helanders Plan übernimmt und durch seinen Einsatz die Rettung der bedrohten Holzplastik ermöglicht, gestaltet er selbst die Wirklichkeit und ist ihr nicht länger ausgeliefert.

Dies gilt in weit stärkerem Maße noch für die Rettung Judiths. Denn das ist ganz sein eigenes Werk, kein Parteiauftrag mehr, sondern von Anfang bis Ende eine „private Aktion" der Hilfe, die er als einzelner durchführt, eine Aktion im Dienste der Freiheit und des Menschen. Mit dieser Aktion hat Gregor die Bedrohung überwunden und eine neue Haltung innerer Freiheit erreicht.

(4) Wir wird diese neue innere Haltung Gregors nun in dem von uns ausgewählten Abschnitt (Seite 60/61) sichtbar gemacht?

Es ist nicht nur der fast begeistert wirkende Schwung, in dem Gregor die „merkwürdigen Sensationen" reflektiert, die sein Leben verändert haben, sondern es ist hauptsächlich die einprägsame Struktur der Gegensatzpaare, die diese Veränderung kennzeichnen. Es handelt sich um die Gegensätze leer – gefüllt, farblos – farbig und drohend – spielerisch. Besonders bedeutsam und uns bereits aus der vergangenen Stunde bekannt erscheint die Farbsymbolik. Die Welt der Bedrohung war farblos und grau (wie Gregors Anzug bei der Durchführung der Parteiaufträge) und damit trostlos und leer. Jetzt ist für Gregor die Welt farbig geworden und damit lebendig: „farbige Emailflächen" (die roten Türme, der goldene Schild, holzbraune

Gelassenheit und Windschwarz) bestimmen sein Leben. Und noch einen Schritt weiter führen uns die Gegensätze dieses Abschnitts: die durch die Bedrohung erzwungene Reduzierung des Menschen auf das rein Faktische (vgl. Gregors Grundsituation, 3. Stunde) ist überwunden, und dies eröffnet für Gregor die Möglichkeit „spielerischen" Handelns und damit die erstrebte Selbstverwirklichung.

(5) Nach erfolgreichem Abschluß der Aktion bleiben die Farben nur in der Erinnerung. Denn nun ist die Welt plötzlich wieder farblos und kalt:

„Das graue Morgenlicht erfüllte die Welt, das nüchterne, farblose Morgenlicht zeigte die Gegenstände ohne Schatten und Farben, es zeigte sie beinahe so, wie sie wirklich waren, rein und zur Prüfung bereit. Alles muß neu geprüft werden, überlegte Gregor. Als er mit den Füßen ins Wasser tastete, fand er es eisig." (Seite 134)

Heißt das, daß Gregor in die Anfangssituation zurückgeworfen ist? Zwar ist der von ihm durchaus so empfundene „romantische" Aspekt seiner Aktion, die Rettung des „ziemlich schönen jungen Mädchens mit langen schwarzen Haaren" (Seite 79) durch den jungen Mann, verschwunden, und an seine Stelle ist die nüchterne und klare Prüfung der Tatsachen getreten. Aber für die neu gewonnene innere Haltung und durch den geglückten Abschluß der Aktion hat die Bedrohung ihre Macht verloren. Die Segel der Freiheit haben die Türme von Rerik hinter sich gelassen (vgl. Seite 38), und auch die Türme selbst sind für den zurückgebliebenen Gregor keine drohenden Ungeheuer mehr:

„Als er aufsah, erblickte er die Türme von Rerik in der Ferne. Von hier aus gesehen waren sie keine schweren roten Ungeheuer mehr, sondern kleine blasse Klötze im Grau des Morgens, feine quadratische Stäbe, blaugrau am Rande des Haffs." (Seite 134)

Damit ist für Gregor die Bedrohung endgültig überwunden. Obwohl er nicht nach Schweden, in die äußere Freiheit gelangt, hat er doch in dieser privaten Aktion seine innere Freiheit erreicht, und er hat damit auch für sich selbst das „Hoheitsgebiet der Drohung" (Seite 8) überschritten.

Der Weg für neue Aktionen ist frei. Er hat den schwierigeren Weg gewählt, denn er vertauscht die Wärme menschlicher Bindung mit der Kälte der Einsamkeit. Aber er folgt dabei dem Leitbild des „Lesenden Klosterschülers", „der jederzeit das Buch zuklappen kann und aufstehen, um etwas ganz anderes zu tun." (Seite 40)

(6) Auch bei Pfarrer Helander löst die „Aktion Lesender Klosterschüler" eine entscheidende Veränderung aus.

Helander steht zunächst nur unter einer persönlichen Bedrohung: seine Operationswunde droht aufzubrechen. Die weitere Bedrohung durch die äußere Gewalt nimmt er freiwillig auf sich, indem er sich für die Rettung des „Lesenden Klosterschülers" durch Gregor entscheidet. Diese Figur wird für ihn, da sie von den „Anderen" verfolgt wird, zum innersten Heiligtum seiner Kirche, zum Symbol der gefährdeten Freiheit des Glaubens, das verteidigt werden muß. Die Entscheidung für die Rettung der Figur und damit zwangsläufig für das eigene Martyrium fällt Helander nicht

leicht. Er hat Angst vor der Folter, eine rein kreatürliche Angst. Aber etwas Weiteres kommt für ihn noch dazu: Helander ist von der Haltung der Kirche enttäuscht, ja er fühlt sich von Gott selbst verlassen. Symbol dafür wird ihm die Ziegelwand seiner Kirche, auf der er ein Zeichen erwartet, das nicht erscheint. Die Leere dieser Kirchenwand spiegelt seine vollkommene Einsamkeit wider. Gott ist fern, und die Menschen leben wie in einem schalltoten Raum, sie sind nicht erreichbar. Daher erscheint ihm ein Martyrium sinnlos, denn die Schreie der Gefolterten werden in diesem schalltoten Raum nicht einmal gehört. Deshalb entscheidet sich Helander zwar für das Opfer, aber er wählt nicht die Folter, sondern er greift zur Pistole, um damit die Starre und Trostlosigkeit der Welt zu durchbrechen, um in einem Augenblick wenigstens das Leben selbst zu spüren. Und im Augenblick seines Todes wird Helander tatsächlich das Leben sinnvoll: in der Schrift, die an der Ziegelwand erscheint, erlebt er die Erfüllung seines Glaubens:

„Herrgott, erinnerte er sich plötzlich, die Schrift! Jetzt muß sie doch erscheinen, die Schrift auf der Wand meiner Kirche. Die Schrift, auf die ich mein Leben lang gewartet habe. Er wandte sich um und blickte auf die Wand, und während er die Schrift las, spürte er kaum, wie das Feuer in ihn eindrang, er dachte nur, ich bin lebendig, als die kleinen heißen Feuer in ihm brannten. Sie trafen ihn überall." (Seite 145)

Helander überwindet die Bedrohung, indem er sich in aktivem Widerstand opfert und damit die „Starre und Trostlosigkeit der Welt durchbricht" (Seite 144).

(7) Wir haben bereits bei der Untersuchung der Erzähltechnik gesehen, wie es durch Innensicht gelingt, den Menschen in einer tieferen Dimension zu erfassen, da seine Bewußtseinsprozesse darstellbar werden. Nach der Analyse einiger Hauptgestalten des Romans können wir nun dieses Ergebnis von einer anderen Seite her bestätigen und ergänzen. Die Gestalten in diesem Roman werden durch ihre jeweils individuellen Situationen, Leitbilder und Motive klar umrissen und in ihrem innersten Wesen charakterisiert. Sie sind unverwechselbar in ihrer Eigenständigkeit, ihren Vorzügen und Schwächen, und durch die Konflikte, in denen sie stehen. Das gilt nicht nur für Gregor und Helander, die stark vom Intellekt bestimmten Gestalten, sondern genau so für den in seinem einfachen Denken und Handeln überzeugend getroffenen Fischer Knudsen mit seinem Zwiespalt zwischen der Sorge um seine kranke Frau und der Gefahr, durch Passivität „ein stummer Fisch" (Seite 15) zu werden und am Leben vorbei zu leben.

Die Unmittelbarkeit und Dichte, in der die Gestalten erscheinen, rührt daher, daß sie nicht einfach als Akteure in der Handlung aufgehen. Sie sind nicht auf die Handlung hin konstruiert, um das Geschehen vorwärts zu treiben, sondern sie haben als Gestalten ein gewichtiges Eigendasein[19], ihre Dimension reicht über die Handlung hinaus. Diese tiefere Dimension wird in den begleitenden Leitsymbolen spürbar, die die Gestalten aus dem Handlungsverlauf herausheben und überhöhen.

Wir haben bis jetzt die Gestalt des Jungen noch völlig außer acht gelassen. Sie soll in der nächsten Stunde hinüberleiten in die Schlußbesprechung des Romans. Denn der Titel des Romans ist dem Bewußtseinsstrom des Jungen entnommen, und daher läßt sich von ihm aus am besten der Zugang zur allgemeinen Thematik gewinnen.

Um diese Stunde gründlich vorzubereiten, erscheint es angebracht, die Schüler durch eine etwas umfangreichere Hausaufgabe zu intensiver häuslicher Beschäftigung mit den Abschnitten des Jungen zu veranlassen, da sonst das Unterrichtsgespräch zu ausführlich und zu ermüdend werden kann. Am besten stellen wir die Aufgabe, genau die Entwicklung des Jungen zu verfolgen, wichtige Einschnitte zu markieren, seine Leitbilder und Konflikte aufzuspüren und einige zentrale Textstellen auszuwählen; also im Grunde das auf den Jungen anzuwenden, was in dieser Stunde bei Gregor durchgeführt wurde.

11. Stunde:
Der Junge

Wir gehen von der häuslichen Arbeit der Schüler aus und lenken das Unterrichtsgespräch auf die Sonderstellung des Jungen und seine Entwicklung, die von den Abenteuerträumen des Anfangs bis zur freiwilligen Rückkehr vom Abenteuer in Schweden zu Knudsen und seinem Fischkutter im letzten Abschnitt des Romans reicht. Wie kommt es dazu, und

---

19 Das liegt, wie wir in der 12. Stunde noch sehen werden, zum Teil auch an den vielfältigen autobiographischen Bezügen in diesen Gestalten, an dem konkreten Erleben, das hinter ihnen steht.

welche Leitbilder bestimmen diese Entwicklung?

(1) Der Junge ist ganz offensichtlich ein Einzelgänger, im Roman ohne irgend eine Beziehung zu Gleichaltrigen, zunächst ganz auf seine Traumwelt im Versteck in der alten Gerberei fixiert. Zur Welt der Erwachsenen befindet sich dieser Fünfzehnjährige in einer deutlichen Abwehrstellung. Er verachtet die Erwachsenen, die „nur noch ein paar Redensarten haben" und „auf keine neuen Ideen mehr kommen" (Seite 31), und möchte auf jeden Fall anders sein und werden als sie.

Auch die Lebensbereiche von Familie und Beruf sind ihm (bis auf die Erinnerung an den auf See umgekommenen Vater) innerlich fremd: die Mutter empfindet er als spießbürgerlich-enge, lästige Mahnerin, im konkreten Fall als Hindernis für seine abenteuerlichen Pläne; die Küstenfischerei bei Knudsen erscheint ihm unerträglich gleichförmig und langweilig, von Knudsen selbst wird er offenbar nicht für voll genommen: er erhält nur ständig Anordnungen, die er ausführen soll, ohne jede weitere Erklärung (Seite 31), „er hat keine Fragen zu stellen" (Seite 81) und wagt es auch nicht mehr, Knudsen noch etwas zu fragen (Seite 87).

Als Gegengewicht bleibt dem Jungen nur die Welt seiner Träume.

(2) Die Leitbilder, die seine Träume beherrschen, sind Huckleberry Finn und die Gestalt seines Vaters – eine literarische und eine biographische Figur.

Der Name Huckleberry Finn steht bereits im ersten Abschnitt als Symbol für den Drang in die Ferne, hinaus aus der Langeweile der von Erwachsenen geordneten und bestimmten Welt in das lockende Abenteuer. In dieser Chiffre, die die Kenntnis des Buches von Mark Twain als selbstverständlich voraussetzt, ist die ganze jugendliche Abenteuerwelt eingeschlossen.

Die Erinnerung an den Vater und die mit dessen Schicksal verbundenen Verleumdungen verstärkt den durch Huckleberry Finn ausgelösten Fluchtgedanken, offenbart aber gleichzeitig dessen Unbestimmtheit und Ziellosigkeit, denn „man mußte irgendwohin kommen" (Seite 7).

(3) Parallel zu dem als Mittelzäsur hervorgehobenen Knotenpunkt der Romanhandlung (vgl. 5. Stunde) erfolgt in der Entwicklung des Jungen der erste Einschnitt. Zwar zeigte sich schon gleich am Anfang ein leichter Vorbehalt gegen das literarische Leitbild:

„wenn es stimmte, was im Huckleberry Finn stand" (Seite 7);

aber erst jetzt (Seite 76/77) erfolgt die Abkehr von den Jungenträumen und der Welt der Abenteuerbücher:

„Er hob das Brett hoch, unter dem er seine Bücher versteckt hatte, da lagen sie, und zum erstenmal betrachtete er sie mit einem Gefühl des Mißtrauens . . . . Und zugleich wußte er, daß er mit den Büchern zu Ende war, weil er erkannt hatte, daß man Papiere brauchte . . . . Er war bald sechzehn Jahre alt, und er hatte begriffen, daß er mit dem Speicher und mit den Büchern zu Ende war." (Seite 76/77)

Die Diskrepanz zwischen Traum und Realität führt zunächst zur Resignation, zum Abschied von einer vertrauten

Welt, eröffnet aber gleichzeitig für den Jungen im Bild von Sansibar den dritten und „letzten Grund" seines Strebens:

„Auf einmal fiel ihm der dritte Grund ein. Während er auf Rerik blickte, dachte er Sansibar, Herrgott nochmal, dachte er. Sansibar und Bengalen und Mississippi und Südpol. Man mußte Rerik verlassen, erstens weil in Rerik nichts los war, zweitens, weil Rerik seinen Vater getötet hatte, und drittens, weil es Sansibar gab, Sansibar in der Ferne, Sansibar hinter der offenen See, Sansibar oder den letzten Grund." (Seite 77)

Jetzt gibt es also für den Jungen nicht nur negative Ablehnung („weil in Rerik nichts los war"), sondern ein positives Ziel. Er ist nicht mehr nur passiv getrieben, sondern er ist aktiv strebend, weil er erkannt hat, daß es etwas gibt, das erstrebenswert ist.

(4) Auf dieser Stufe erfolgt der nächste Einschnitt in der Entwicklung des Jungen, nämlich die überraschende Verwirklichung seiner Träume im realen Abenteuer, die plötzliche Übereinstimmung von Traumwelt und Realität. Der Junge wird in die „Aktion Lesender Klosterschüler" einbezogen, er übernimmt darin eine entscheidende Rolle, die einen vorübergehenden Höhepunkt darin erreicht, daß er sich zutraut und bereit erklärt, den Fischkutter auch ohne und gegen Knudsen allein über die Ostsee zu steuern. Die Erwachsenen sind plötzlich auf ihn angewiesen.

Allerdings erlebt er diese Aufgabe einseitig unter dem bereits überwundenen Huckleberry-Finn-Leitbild nur als „Abenteuer" und damit als Rückfall in eine eigentlich abgeschlossene Entwicklungsphase. Er wirkt an dieser Aktion mit unter dem egoistischen Aspekt der „Chance", die es „auszunützen" gilt (Seite 112), ohne jede Rücksicht auf das Schicksal anderer, etwa Knudsens.

In dieser Haltung scheitert er. Er verwirklicht zwar den Traum vom Abenteuer in der einsamen Hütte in Schweden, aber diese Verwirklichung ist eben im Grunde nur eine Wiederaufnahme des Sich-Versteckens in der verlassenen Gerberei am Fluß. Es ist eine Welt ohne Farben, geprägt von „grauen Felsen", einem „silbergrauen See" und dem „diffusen grauen Licht zwischen den Stämmen" (Seite 146/147). Die Hütte ist genau so verlassen und leblos wie die alte Gerberei bei den Weiden, und die Fische, die er sich zubereitet, sehen zwar braun und frisch aus, aber „sie schmeckten nach nichts, weil er kein Salz hatte" (Seite 147).

In dieser uns vertrauten Symbolsprache wird die innere Leere dieses Zustandes spürbar und damit bereits seine Überwindung im Schlußsatz des Romans vorbereitet.

(5) Warum kehrt der Junge zu Knudsen zurück? – Im Roman wird diese Entscheidung nicht mehr begründet. Wir können nur vermuten, was diesen Umschwung bei dem Jungen mit bewirkt hat. Dazu gehören sicher seine verantwortungsvolle Sorge für die Figur des „Lesenden Klosterschülers", die er „mit einer sorgfältigen, fast ehrfürchtigen Bewegung" (Seite 127) übernimmt, sowie das Gespräch mit Judith im Boot (Seite 135/136), das erste wirkliche Gespräch mit einem Erwachsenen in diesem Roman. Indem Judith sich neben ihn setzt, ihn mit ihren Erklärungen für voll nimmt, gelingt es ihr, die innere Iso-

lierung des Jungen zu durchbrechen und seine Abwehrstellung zu überwinden. Er vertraut ihr seine Pläne an, und wenn er auch zunächst ihre Mahnungen zur Rücksichtnahme auf Knudsens Schicksal schroff ablehnt, so haben sie wohl doch seine Entscheidung zur sozialen Verantwortung beeinflußt.

Der Junge hat sich entschieden: an die Stelle des egoistisch verwirklichten ziellosen Abenteuers setzt er die verantwortungsvolle Rückkehr in die menschliche Gemeinschaft. Er hat damit die ersten beiden Gründe seines Handelns überwunden und den letzten Grund, der ihm im Bild von Sansibar erschien, verwirklicht, und dieser letzte Grund ist für ihn, da er außerhalb des Hoheitsgebiets der Drohung lebt, die Selbstverwirklichung innerhalb der gegebenen menschlichen Bindungen. Er kehrt freiwillig in die menschliche Bindung zurück, nachdem er die Leere und Kälte der absoluten Bindungslosigkeit, der reinen Freiheit ohne Aufgabe und Verantwortung, erlebt hat.

Diese „eisige" Welt (Seite 134) des Einzelgängers hat Gregor gewählt, aber nicht aus Abenteuerlust, sondern weil er hier im bewußten Widerstand gegen eine den Menschen zerstörende Bedrohung den „letzten Grund" seines Lebens, sein „Sansibar" sieht und erreicht.

(6) Damit kommen wir zum Abschluß dieser Stunde auf die Frage der Gültigkeit des Romantitels für die anderen Gestalten.

Diese Gestalten leben im Hoheitsgebiet der Drohung, dem sie entfliehen wollen. Aber sie sind nicht nur passiv von der Drohung getrieben, sondern sie erstreben aktiv etwas jenseits der Drohung. Es ist sinnlos, vor der Gewalt zu fliehen, wenn man nicht weiß, daß es irgendwo einen Bereich der Freiheit gibt, und wenn man diesen Bereich nirgends sieht. Die Gestalten dieses Romans haben dieses Ziel als „letzten Grund" ihres Handelns, ein Ziel, das sie, so verschieden sie ihrem persönlichen Wesen nach in ihrer ursprünglichen Isoliertheit auch sein mögen, gemeinsam erstreben. Dieses Ziel könnte man mit dem Begriff der Humanität, der Würde des Menschen und der freien Entfaltung seiner Möglichkeiten in sozialer Verantwortung umschreiben; es ist das, was im Roman in dem Wort „Menschen" im Unterschied zu „Leute" oder den „Anderen" angedeutet wird (Beispiele auf den Seiten 10, 50 und 90). Dieses Menschenbild ist das „Sansibar" der Gestalten, das sie entweder (wie Judith) in einer geographischen oder (wie etwa Gregor und Helander) in einer inneren Grenzüberschreitung verwirklichen.

12. Stunde:
Dichtung und Wirklichkeit – der Roman in seiner Beziehung zur historisch – geographischen Realität

Diese, die Besprechung des Romans abschließende Stunde soll durch die Frage nach den realen Grundlagen der Romanhandlung einen neuen Aspekt erschließen. Wir verlassen mit dieser Frage den umgrenzten fiktionalen Bereich der Romanwelt und erweitern die vertraute Leser-Perspektive, indem wir Autor, Werk und realen Hintergrund in einigen ihrer vielfältigen Beziehungen nebeneinander sehen und genauer untersuchen. Diese für Schüler der Altersstufe unter Umständen neuartige Perspektive, die bis zu einem gewissen Grad auch Einblicke in die Werkstatt des Schriftstellers gestattet, soll nicht desillusionierend wirken, sondern im Gegenteil den Blick für die besondere Leistung des dichterischen Werks etwa im Vergleich zum dokumentarischen Bericht schärfen.

Es wäre sicher von Schülern der 10. Klasse zu viel verlangt, dieses Problem durch eine Gegenüberstellung von „Sansibar" und dem Bericht „Kirschen der Freiheit" grundsätzlich zu behandeln; aber an konkreten Beispielen sollen in diesem Zusammenhang wenigstens Fragestellung und einige Ergebnisse deutlich werden. Es liegt in der Natur des Themas, daß diese Stunde stärker als die vorangegangenen durch Lehrervortrag geprägt wird; die Schüler müssen zuerst mit den Fakten vertraut werden, von denen aus sie dann in den beiden letzten Phasen der Stunde wieder selbständig argumentierend Stellung nehmen können. Falls die vorgeschlagene Aufgabe 9 bearbeitet wurde, muß dieses Schülerreferat an entsprechender Stelle (1b) eingeplant werden.

(1) Die fiktionale Welt dieses Romans entfaltet sich auf einer realen Grundlage, die wir zunächst an den Gestalten untersuchen. Diese Gestalten beruhen teilweise auf konkreten persönlichen Erfahrungen des Schriftstellers und enthalten damit einen Realitätskern, der entscheidend zu ihrer Unverwechselbarkeit beiträgt.

(a) Das gilt besonders für die im Zentrum der äußeren und inneren Handlung stehende Figur des „Lesenden Klosterschülers". Obwohl der Name des Künstlers im Roman nicht direkt genannt wird, handelt es sich dabei offensichtlich um eine Holzplastik desselben Namens von Ernst Barlach (siehe folgende Abbildung), die 1930 entstanden ist und sich seit 1961 in der Gertrudenkapelle in Güstrow (Bezirk Schwerin) befindet.[20] Ist dieses außerhalb der fiktionalen Welt

Ernst Barlach „Lesender Klosterschüler"

20 Weitere Daten nach: Ernst Barlach. Werkverzeichnis, bearbeitet von Friedrich Schult, Bd. 1, Hamburg 1959, S. 203: „Lesender Klosterschüler, Nr. 367, 1930, Holz, Höhe 1,15m. Ausstellungen: 1933 Chicago, 1936 Berlin (Kirchl. Kunst)."

existierende Kunstwerk identisch mit unserer literarischen Figur?

Wir stellen zunächst fest, daß die Beschreibung Gregors (Seite 39) zutrifft, allerdings mit einer Einschränkung: im Roman ist von „einer kleinen Figur" (Seite 27), „kaum einen halben Meter groß" (Seite 39) die Rede, während die reale Figur immerhin 1,15m hoch ist. Diese Änderung geht offensichtlich auf Erfordernisse der Romanhandlung zurück: die Figur muß handlich sein, denn sie muß von Gregor und Judith ohne größeren Aufwand zum Boot transportiert werden können.

Der Schriftsteller verändert also hier ein von ihm ausgewähltes Element der Realität und paßt es seiner fiktionalen Welt an. Damit schafft er es im Grunde genommen neu.

Er verwendet zwar die Barlach-Plastik als geeignetes Material, etwa als Personifikation des von ihm gedachten und erstrebten Menschenbilds, aber innerhalb des Romans ist aus der ganz konkreten Barlach-Figur jetzt eine Figur geworden, die wir nicht mehr im Original oder in Abbildungen vor uns sehen können, sondern die wir uns, ausgelöst durch Gregors Betroffenheit, als Leser vorstellen. Diese Vorstellung, die ein literarisches Werk erweckt, steht jenseits der Nachprüfbarkeit an der zugrundeliegenden Realität und enthält ihre eigene Wahrheit.

(b) Konkrete Erfahrungen des Autors sind auch in die anderen Romangestalten eingegangen; vor allem finden sich zahlreiche autobiographische Bezüge in der Gestalt Gregors.

Andersch selbst war, wie er in „Kirschen der Freiheit" berichtet, 1932/33 Organisationsleiter im kommunistischen Jugendverband in München und kennt daher die illegale Arbeit für die KPD aus eigener Anschauung.

Er selbst war (wie Gregor) von der Partei enttäuscht:

„So haben sie die Kommunistische Partei verdorben und sie aus einer Partei der Freiheit und der Revolution zu einer Partei der Apparatschiks, des Glaubens an einen Führer und der faschistischen Kampfmethoden gemacht.
Das war freilich nur möglich, weil die Partei schon vorher eine Lehre angenommen hatte, welche die Freiheit des Menschen, zu wählen, leugnete. Aber sie erst haben durch ihren Terror dieser falschen Lehre eine scheinbare Wahrheit verliehen, so daß die Lebendigen in der Partei sich dem Terror des Dogmas beugen mußten." (Kirschen der Freiheit, Seite 73)

und er selbst vollzog (wie Gregor) schließlich die Flucht aus der Partei:
Er wurde als Funktionär im März 1933 verhaftet und verbrachte ein Vierteljahr im Konzentrationslager Dachau in der Strafkompanie. Als er kurz nach seiner Freilassung zum zweitenmal verhaftet wurde – nur zu einer Routineüberprüfung, wie sich herausstellte – erfaßte ihn in den Räumen der Polizeidirektion eine solche Angst vor möglicher Folter bei erneuter Einlieferung ins Konzentrationslager (das Problem Helanders), daß er schlagartig alle Bindungen an die Partei aufgab:

„Als ich das Gebäude der Polizeidirektion verließ . . ., wußte ich, daß ich meine Tätigkeit für die Kommunistische Partei beendet hatte." (Kirschen der Freiheit, Seite 43/44)

Das Problem der Flucht zur Verwirklichung der Freiheit blieb ein bestimmendes Element in Anderschs Leben und Denken: das eigentliche Thema seines autobiographischen Berichts „Kirschen der Freiheit" ist die Darstellung jenes Moments der absoluten Freiheit zwischen zwei Bindungen, den er bei seiner Desertion 1944 an der Italienfront erlebte:

„Ich hatte mich entschlossen, rüber zu gehen, weil ich den Akt der Freiheit vollziehen wollte, der zwischen der Gefangenschaft, aus der ich kam, und derjenigen, in die ich ging, im Niemandsland lag." (Kirschen der Freiheit, Seite 81)

Hier sehen wir deutlich die Bausteine einer literarischen Figur vor uns. Es ist ganz offensichtlich Gregor, in dem sich der Autor selbst darstellt, seine Probleme objektiviert und durch Umformung in die fiktionale Welt verallgemeinert.

(2) Wir wenden uns nun den Orten der Handlung zu und stellen auch hier die Frage nach dem Bezug zur Realität.
Der Roman verdankt seine Entstehung, wie Andersch selbt berichtet,

„der immer anhaltenden, allmählich eine Art magische Qualität annehmenden Erinnerung an eine Wanderung, die ich im Jahre 1938 an der mecklenburgischen Ostseeküste unternahm."[21]

Den entscheidenden Eindruck, den Andersch auf dieser Wanderung erhielt, sozusagen die Urzelle des Romans, können wir wiederum einer Schilderung in „Kirschen der Freiheit" entnehmen:

„Suchte das Meer auf, das ich nun endlich sah, grellblau hinter den roten Riesentürmen

---

21 Bienek, Werkstattgespräche mit Schriftstellern, München 1962, Seite 122

von Wismar, opalgrau jenseits der Deiche von Husum." (Kirschen der Freiheit, Seite 56)

Die roten Türme von Rerik sah Andersch also in Wismar, und diese Stadt ist wohl für ihn realer Hintergrund der Handlung geblieben, denn dort treffen wir auch auf eine Marienkirche, eine Nikolaikirche und eine Georgenkirche – Namen, die uns aus der Romanwelt vertraut sind.
Rerik selbst ist allerdings ebenfalls kein fiktiver Ort. Wir lesen darüber im Brockhaus von 1972:

„Rerik, Ostseebad Rerik, bis 1938 Alt Gaarz, Stadt und Badeort im Kreis Bad Doberan, Bez. Rostock, nordöstlich von Wismar, am Salzhaff und an der Ostsee, mit (1965) 2400 meist evang. Einw. – R. hat eine frühgot. Pfarrkirche mit reicher barocker Ausstattung."

Hier am Salzhaff bei Rerik, das zeigt uns ein Blick auf die Karte, haben wir offensichtlich das Modell des Fluchtwegs: hier finden sich die realen Elemente für den von uns für die fiktionale Romanwelt entworfenen Lageplan.
Die Orte der Handlung sind also nicht einfach mit den realen geographischen Gegebenheiten identisch, sie sind gewissermaßen mosaikartig aus realen Versatzstücken neu zusammengesetzt.

(3) Wie ist dieses Ergebnis zu bewerten? Die Technik der Verwendung realer Versatzstücke, zum Beispiel der aus der Realität übernommenen Ortsnamen mit einzelnen geographischen Gegebenheiten, verleiht der Romanhandlung einen authentischen Charakter. Auf der anderen Seite verhindert diese Technik, indem sie reale Gegebenheiten nicht ein-

fach als Ganzes übernimmt und reproduziert, sondern aus Einzelelementen eine neue Welt zusammensetzt, die Verengung auf den Einzelfall, auf den dokumentarischen Sachbericht.

Dazu gehört, daß Andersch eben nicht Wismar, den realen Schauplatz seines Erlebnisses, zum Schauplatz seiner Romanhandlung macht. Wismar ist zu bekannt und damit für ihn zu einengend: der Schriftsteller wäre hier zu sehr den realen Bedingungen, die dieser Schauplatz diktiert, unterworfen. Rerik dagegen ist nicht völlig erfunden, aber doch ziemlich unbekannt. Dieser reale Schauplatz kann vom Autor ausgestaltet werden, kann erfüllt werden von verschiedenartigsten Eindrücken, kann zum Träger einer Handlung werden, die diesen Schauplatz zu „seiner" Stadt macht.

Die Technik der Verwendung realer Versatzstücke ermöglicht deren Integration in die fiktionale Welt.

(4) Wir untersuchen abschließend noch die historischen Bezüge der Romanhandlung.

Der Roman wurzelt in einer bestimmten geschichtlichen Situation (1937, Nationalsozialismus, Judenverfolgung, Unterdrückung geistiger und künstlerischer Freiheit, kommunistische Untergrundbewegung) und ist damit bis zu einem gewissen Grad ein Zeitroman. Ist er das wirklich? Man hat Andersch gerade in diesem Punkt einen Mangel an konkreten Bezügen, ein Versagen vor der Forderung der historischen Realität vorgeworfen:

„Sansibar enthält doch weder eine Abrechnung mit dem Nationalsozialismus noch ein stilisiertes Bild der damaligen Verhältnisse. . . . Mit der Historie hat dieser Roman nichts zu tun. Die Realität in Deutschland vom Jahre 1937 ist – sofern sie überhaupt angedeutet wird – im Grunde nur der epische Vorwand. . . . der Nationalsozialismus wird in diesem Roman nicht als konkreter politischer Faktor behandelt, sondern fungiert als anonyme Macht der totalen Bedrohung des Menschen, als Sinnbild der Tyrannei."[22]

Es ist hier richtig beobachtet, daß der Nationalsozialismus in diesem Roman nie direkt geschildert oder verurteilt wird; er wird nicht einmal beim Namen genannt, und er tritt bis auf die schwarze Linousine und die vier Männer, die den „Lesenden Klosterschüler" abholen wollen, in der Handlung überhaupt nicht selbst in Erscheinung. Insofern ist „Sansibar" kein Zeitroman.

Aber in diesem Roman steht, wie wir erkannt haben, gerade nicht die Handlung oder die Beschreibung äußerer Gegebenheiten im Mittelpunkt, sondern die Darstellung des Menschen in seinem innersten Wesen. Und der Mensch wird in diesem Roman unter der Bedrohung einer äußeren, unmenschlichen Gewalt dargestellt, dargestellt in seinem Widerstand gegen diese Gewalt und auf dem Weg in die Freiheit. Das aber ist ein allgemein menschliches Problem, das über die konkrete geschichtliche Situation hinausweist. Die reale historische Situation ist für Andersch nur der Ausgangspunkt. Die Darstellung des Menschen im Widerstand gegen die „anonyme Macht der totalen Bedrohung" ist ein Thema, das den Roman weit über einen bloßen „Zeit"-Roman erhebt.

---

22 M. Reich-Ranicki, Deutsche Literatur in West und Ost, München 1963, S. 106f. (Zitiert nach Zimmermann, a.a.O. S. 205)

Man wird die Bedeutung dieses Romans gerade darin sehen müssen, daß es Andersch gelingt, „die reale historische Situation als stets gegenwärtige Gefahr einer ‚totalen Bedrohung des Menschen, als Sinnbild der Tyrannei' erfahren zu lassen. Darin scheint uns . . . . ein großer Vorzug des Buches zu liegen, und zwar nicht nur im künstlerischen, sondern auch im politischen Sinne; denn politische Bildung ereignet sich erst dort, wo in der konkreten historischen Situation die allgemeine politische Tendenz erkannt und als eine unter veränderten Verhältnissen in veränderter Form wirksame Kraft verstanden wird."[23]

Transferphase

13. Stunde (ohne Stundenblatt):
Vergleich verschiedener Erzählperspektiven am Beispiel ausgewählter Romananfänge

In dieser Stunde, die sich nicht unmittelbar an die vorhergehenden anschließen muß, soll das bisher Erarbeitete abschließend in einen größeren Zusammenhang gestellt und damit gefestigt und vertieft werden. Wir beschränken uns dabei bewußt auf das, was wir als das wesentliche Merkmal des „modernen" Romans kennengelernt haben: die besondere Erzählperspektive. Durch den Vergleich mit anderen, „klassischen" Erzählperspektiven soll dem Schüler in dieser Stunde das Besondere des modernen Erzählens noch einmal deutlich

zum Bewußtsein kommen. Mit dieser Gegenüberstellung wird in größerem Maße fortgeführt, was am Anfang unserer Unterrichtseinheit schon in dem Vergleich zwischen „Sansibar" und der Erzählposition in Kellers „Kleider machen Leute" angedeutet wurde. Wir wählen dazu einige bekannte Romane aus verschiedenen Epochen aus, in denen unterschiedliche Erzählpositionen deutlich sichtbar werden, und zwar: Goethe, Die Wahlverwandtschaften (1809); Fontane, Irrungen – Wirrungen (1887); Kafka, Das Schloß (1924) und Böll, Haus ohne Hüter (1954). Wir stellen jeweils den Anfang dieser Romane vor und geben den Schülern die Texte in die Hand. Eigentlich sollten die Schüler jetzt so weit sein, daß sie mit den neu gewonnenen Begriffen diesen Textvergleich bei geschickter Führung weitgehend selbständig durchführen können. Aus diesem Grunde wurde auch auf ein ausgearbeitetes Stundenblatt verzichtet. An den Beginn der Stunde stellen wir den Anfang von Bölls Roman „Haus ohne Hüter":

„Wenn die Mutter in der Nacht den Ventilator laufen ließ, wurde er wach, obwohl die Gummiflügel dieser Luftmühle nur ein weiches Geräusch erzeugten: fluppendes Surren und manchmal ein Stocken, wenn die Gardine zwischen die Flügel geriet. Dann stand die Mutter auf, zog leise fluchend die Gardine aus dem Getriebe und klemmte sie zwischen die Türen des Bücherschranks. Aus grüner Seide war der Schirm von Mutters Stehlampe: wasserhelles Grün, gelb unterstrahlt, und das Glas roten Weins, das auf dem Nachttisch stand, erschien ihm fast wie Tinte: dunkles, träge aussehendes Gift, das die Mutter in kleinen Schlucken nahm. Sie las und rauchte und nahm nur selten einen Schluck Wein.

---

23 Zimmermann, a. a. O. S. 206

Er beobachtete sie durch die halbgeöffneten Lider hindurch, rührte sich nicht, damit sie nicht aufmerksam auf ihn werde, und verfolgte den Zigarettenqualm, der sich zum Ventilator hinzog: weiße und graue Rauchschichten, die vom Sog erfaßt, zerkleinert und von den weichen grünen Gummiflügeln hinausbefördert wurden."

Wir weisen noch einmal darauf hin, daß der Roman mit diesem Abschnitt beginnt, daß nichts vorausgeht, und lassen dann die Schüler selbst ihre Meinung äußern („Was fällt auf?"). Auch ungenaue oder falsche Beobachtungen („Es wird von außen beschrieben") lassen sich rasch zurechtrücken und auf den Kernpunkt hinführen durch die Frage: wer ist dieser „er"? wie heißt er? wie alt ist er? usw. Daß es sich hier um eine personale Erzählperspektive handelt, wird vollends deutlich, wenn wir uns überlegen, was wir von der Einrichtung und den Gegenständen im Zimmer erfahren. Wir sehen nur, was der Junge durch seine „halbgeöffneten Lider" beobachtet, und wir folgen seinem Blick, der wie der Lichtstrahl eines Scheinwerfers oder wie eine Filmkamera durch das Zimmer gleitet: vom Ventilator, dessen Geräusch ihn aufgeweckt hat, über den Bücherschrank zur Stehlampe und dem Glas Wein auf Mutters Nachttisch, dann, dem Zigarettenqualm folgend, wieder zurück zum Ventilator. Es gibt nichts, was außerhalb dieser personalen Perspektive berichtet würde, und daher erfahren wir zum Beispiel auch nicht den Namen des Jungen, denn das wäre hier nur möglich, wenn eine zweite Person, etwa die Mutter, den Jungen anreden würde. Wir haben hier eine Gestaltung von innen her, aus dem Bewußtsein einer Person, ganz ähnlich der, die wir bei „Sansibar" kennengelernt haben.

Neben diese Textprobe stellen wir nun den berühmten Anfang der „Wahlverwandtschaften":

„Eduard – so nennen wir einen reichen Baron im besten Mannesalter – Eduard hatte in seiner Baumschule die schönste Stunde eines Aprilnachmittags zugebracht, um frisch erhaltene Pfropfreiser auf junge Stämme zu bringen. Sein Geschäft war eben vollendet; er legte die Gerätschaften in das Futteral zusammen und betrachtete seine Arbeit mit Vergnügen, als der Gärtner hinzutrat und sich an dem teilnehmenden Fleiße des Herrn ergetzte.
‚Hast du meine Frau nicht gesehen?' fragte Eduard, indem er sich weiterzugehen anschickte.
‚Drüben in den neuen Anlagen', versetzte der Gärtner."

Die Schüler werden sehr schnell die Bedeutung der Parenthese „– so nennen wir einen reichen Baron im besten Mannesalter –" erkennen. Es ist die klassische Gestalt des „allwissenden Erzählers", die hier neben den Gestalten des Romans sichtbar wird, eines Erzählers, der sich und den Leser in dem Wörtchen „wir" zusammenfaßt und gleichzeitig souverän seiner ganzen Erzählung den Charakter der freien Erfindung, des von ihm schöpferisch Gestalteten, gibt. Es ist der Charakter des Fiktionalen, der hier sichtbar wird, was etwa die Engländer deutlich zum Ausdruck bringen, wenn sie die gesamte erzählende Literatur als „fiction" bezeichnen.
Im Grunde geht diese klassische Erzählhaltung zurück auf die Ur-Situation des mündlichen Erzählens mit dem Gegenüber von Erzählendem und Zuhörer. Dieses Verhältnis wird hier auf den Ro-

man übertragen. Der Leser fühlt sich bei dieser Erzählposition geborgen: Er spürt die ständige Anwesenheit des Erzählers, der ihn nicht allein läßt, sondern ihm an vielen Stellen mit Erklärungen, Vorausdeutungen und Rückgriffen das Verständnis erleichtert, und daher vertraut er sich unbedenklich seiner Führung an. In dem spürbaren Vorhandensein eines „Erzählenden" liegt der große Unterschied zwischen der Erzählposition der „Wahlverwandtschaften" und eines modernen Romans wie etwa Bölls „Haus ohne Hüter".

Neben Goethe stellen wir nun Fontane als Vertreter der realistischen Erzählweise:

„An dem Schnittpunkte von Kurfürstendamm und Kurfürstenstraße, schräg gegenüber dem ‚Zoologischen', befand sich in der Mitte der siebziger Jahre noch eine große, feldeinwärts sich erstreckende Gärtnerei, deren kleines, dreifenstriges, in einem Vorgärtchen um etwa hundert Schritte zurückgelegenes Wohnhaus, trotz aller Kleinheit und Zurückgezogenheit, von der vorübergehenden Straße her sehr wohl erkannt werden konnte. . . . Überhaupt schien sich nichts mit Absicht verbergen zu wollen, und doch mußte jeder, der zu Beginn unserer Erzählung des Weges kam, sich an dem Anblick des dreifenstrigen Häuschens und einiger im Vorgarten stehender Obstbäume genügen lassen.

Es war die Woche nach Pfingsten, die Zeit der langen Tage, deren blendendes Licht mitunter kein Ende nehmen wollte. Heut aber stand die Sonne schon hinter dem Wilmersdorfer Kirchturm, und statt der Strahlen, die sie den ganzen Tag über herabgeschickt hatte, lagen bereits abendliche Schatten in dem Vorgarten, dessen halbmärchenhafte Stille nur noch von der Stille des von der alten Frau Nimptsch und ihrer Pflegetochter Lene mietweise bewohnten Häuschens übertroffen wurde. Frau Nimptsch selbst aber saß wie gewöhnlich an dem großen, kaum fußhohen Herd ihres die ganze Hausfront einnehmenden Vorderzimmers . . . und war so versunken in ihre Betrachtungen und Träumereien, daß sie nicht hörte, wie die nach dem Flur hinausführende Tür aufging und eine robuste Frauensperson geräuschvoll eintrat."

Was zunächst an diesem Text auffällt, ist die Betonung der äußeren Wirklichkeit durch die genaue Orts- und Zeitangabe gleich im ersten Satz des Romans, was dem Folgenden den Charakter eines nachprüfbaren Tatsachenberichts verleiht. Die Erzählung selbst ist in der historisch-realen Stituation verankert und soll von daher ihren Wahrheitsgehalt beziehen. Denn hier steht keine „allwissende" Erzählfigur mehr hinter der ganzen Erzählung, der sich ein Leser gläubig anvertrauen könnte; der Erzähler ist fast ganz verschwunden und nur noch bei genauem Hinsehen spürbar („zu Beginn unserer Erzählung"). An seine Stelle ist die genaue, ausführliche und auf Fakten aufbauende Beschreibung getreten. Der Erzähler selbst verschwindet hinter seinem Stoff, der dem Leser nicht mehr als etwas „Erzähltes", sondern als wirklich Geschehenes erscheinen soll. Damit wird das fiktionale Element durch den Eindruck der Faktizität überlagert.

An unserem Text läßt sich sehr schön zeigen, wie die Erzählung in die äußere Wirklichkeit eingebettet ist. Diese historisch-reale Wirklichkeit bildet den Rahmen (Berlin, um 1875), der dann immer weiter eingeengt wird, sowohl räumlich (Gärtnerei – Wohnhaus – Vorderzimmer – Herd) als auch zeitlich (Woche nach Pfingsten – heute – abends), bis dann endlich mit dem Auftreten der Personen die Beschreibung in die Handlung des Romans übergeht. Es wird also zunächst weit ausholend der Raum dargestellt, in dem sich dann die folgende Erzählung abspielt; der Weg geht vom Allgemeinen zum Besonderen. Daß diese Erzählweise im 19. Jahrhundert weit verbreitet ist, läßt sich gut zeigen, indem man den Schülern einige Beispiele aus der vorangegangenen Novellenlektüre ins Gedächtnis ruft, etwa den Anfang der „Judenbuche" oder auch „Romeo und Julia auf dem Dorfe" u. a. Was ist nun das Kennzeichnende an dieser realistischen Erzählweise? Die Personen werden nicht von innen her gestaltet oder von einem sie frei erschaffenden „allwissenden" Erzähler bis ins Innerste durchleuchtet, sondern sie werden in ihrem Verhalten von außen her, gewissermaßen „objektiv" beschrieben und dadurch charakterisiert. Realistisches Erzählen ist objektives Erzählen von außen unter Zurücktreten des Erzählers, und daher erklärt sich auch das Überwiegen von Beschreibung und Dialog im realistischen Roman.

Nach diesen Beispielen klassischer Erzählhaltung kehren wir nun mit dem Anfang von Kafkas Roman „Das Schloß" wieder zum modernen Roman zurück:

„Es war spät abends, als K. ankam. Das Dorf lag in tiefem Schnee. Vom Schloßberg war nichts zu sehen, Nebel und Finsternis umgaben ihn, auch nicht der schwächste Lichtschein deutete das große Schloß an. Lange stand K. auf der Holzbrücke, die von der Landstraße zum Dorf führte, und blickte in die scheinbare Leere empor.
Dann ging er, ein Nachtlager suchen; im Wirtshaus war man noch wach, der Wirt hatte zwar kein Zimmer zu vermieten, aber er wollte, von dem späten Gast äußerst überrascht und verwirrt, K. in der Wirtsstube auf einem Strohsack schlafen lassen. K. war damit einverstanden. Einige Bauern waren noch beim Bier, aber er wollte sich mit niemandem unterhalten, holte selbst den Strohsack vom Dachboden und legte sich in der Nähe des Ofens hin. Warm war es, die Bauern waren still, ein wenig prüfte er sie noch mit den müden Augen, dann schlief er ein."

Gerade in der Gegenüberstellung zu Fontane wirkt dieser Kafka-Text sehr einprägsam mit seinem unvermittelten Einsatz, der personalen Perspektive und den kurzen, knappen Sätzen. Hier wird ganz auf genaue Festlegung und realistische Beschreibung verzichtet, alles bleibt im Allgemeinen: ein Dorf, ein Schloß, ein Wirtshaus – nicht einmal die Hauptgestalt wird mit einem Namen als bestimmtes Individuum eingeführt, sondern bleibt in der Anonymität der Initiale K.
Nicht auf Beschreibung kommt es hier an, sondern auf etwas anderes, das wir wohl am ehesten als „Darstellung der inneren Situation des einzelnen in der Gesellschaft" bezeichnen können.

Abschließend wollen wir nun versuchen, unsere Beobachtungen zusammenzufassen und am Gegensatz zur klassischen Erzählposition das Besondere des modernen Erzählens zu verstehen.
Für den modernen Autor ist die Wirklichkeit unübersehbar und zum Teil unerklärbar geworden. Er kann sie nicht mehr als Ganzes in einer Handlung souverän aus einer gewissen Erzähldistanz heraus darstellen, das heißt, er kann nicht mehr als „allwissender" Erzähler dem Leser gegenübertreten. An die Stelle der zusammenfassenden und erklärenden Überschau setzt er nun den einzelnen Menschen mit seiner einge-

schränkten Perspektive und den einzelnen Moment des Geschehens mit all den vielfältigen Beziehungen, die darin verborgen liegen. In anderen Worten: er erzählt nicht mehr von außen, sondern von innen her aus einer personalen Perspektive, derjenigen Perspektive, in der er selbst die Welt wahrnimmt und erlebt. Der moderne Autor ist darüber hinaus nicht mehr an rein äußerer Beschreibung der Wirklichkeit interessiert, denn diese Wirklichkeit hat für ihn nichts Dauerhaftes, sie ist veränderbar. Für ihn steht der Mensch im Zentrum seiner Darstellung, und zwar der Mensch in seinem innersten Wesen, mit all seinen bewußten und unbewußten Gedanken und Gefühlen, mit denen er der auf ihn eindringenden Wirklichkeit gegenübertritt. Für diese Darstellung des inneren Menschen hat der moderne Roman neue Wege gefunden: Mit Hilfe der modernen Erzähltechnik von personaler Perspektive und Bewußtseinsstrom ist es dem modernen Autor möglich, den Menschen nicht mehr nur von außen als Objekt zu beschreiben, sondern ihn von innen her als Subjekt darzustellen. Das ist das Neue und Besondere an dem, was wir als „modernen" Roman bezeichnen.

Dabei wird allerdings vom Leser eine erhöhte Mitarbeit und Aktivität verlangt, denn ein moderner Roman ist oft keineswegs leicht „eingängig". Aber das ist, richtig betrachtet, ein Vorteil, denn es zwingt den Leser, sich intensiv dem Kunstwerk zuzuwenden und sich mit ihm auseinander zu setzen.

Anhang

1. Materialien zur Unterrichtseinheit

MAT 1

Ilse Aichinger, Das Fenster-Theater
(Zitiert nach: Ilse Aichinger, Der Gefesselte, S. Fischer Verlag, Frankfurt/M. 1958, Seite 61–63)

1   Die Frau lehnte am Fenster und sah hinüber. Der Wind trieb in leichten Stößen vom
    Fluß herauf und brachte nichts Neues. Die Frau hatte den starren Blick neugieriger
    Leute, die unersättlich sind. Es hatte ihr noch niemand den Gefallen getan, vor ihrem
    Haus niedergefahren zu werden. Außerdem wohnte sie im vorletzten Stock, die
5   Straße lag zu tief unten. Der Lärm rauschte nur mehr leicht herauf. Alles lag zu tief
    unten. Als sie sich eben vom Fenster abwenden wollte, bemerkte sie, daß der Alte
    gegenüber Licht angedreht hatte. Da es noch ganz hell war, blieb dieses Licht für sich
    und machte den merkwürdigen Eindruck, den aufflammende Straßenlaternen unter
    der Sonne machen. Als hätte einer an seinen Fenstern die Kerzen angesteckt, noch
10 ehe die Prozession die Kirche verlassen hat. Die Frau blieb am Fenster.
    Der Alte öffnete und nickte herüber. Meint er mich? dachte die Frau. Die Wohnung
    über ihr stand leer und unterhalb lag eine Werkstatt, die um diese Zeit schon ge-
    schlossen war. Sie bewegte leicht den Kopf. Der Alte nickte wieder. Er griff sich an
    die Stirne, entdeckte, daß er keinen Hut aufhatte, und verschwand im Innern des
15 Zimmers.
    Gleich darauf kam er in Hut und Mantel wieder. Er zog den Hut und lächelte. Dann
    nahm er ein weißes Tuch aus der Tasche und begann zu winken. Erst leicht und dann
    immer eifriger. Er hing über die Brüstung, daß man Angst bekam, er würde vorn-
    überfallen. Die Frau trat einen Schritt zurück, aber das schien ihn nur zu bestärken.
20 Er ließ das Tuch fallen, löste seinen Schal vom Hals – einen großen bunten Schal –
    und ließ ihn aus dem Fenster wehen. Dazu lächelte er. Und als sie noch einen weite-
    ren Schritt zurücktrat, warf er den Hut mit einer heftigen Bewegung ab und wand
    den Schal wie einen Turban um seinen Kopf. Dann kreuzte er die Arme über der
    Brust und verneigte sich. Sooft er aufsah, kniff er das linke Auge zu, als herrsche zwi-
25 schen ihnen ein geheimes Einverständnis. Das bereitete ihr so lange Vergnügen, bis
    sie plötzlich nur mehr seine Beine in dünnen, geflickten Samthosen in die Luft ragen
    sah. Er stand auf dem Kopf. Als sein Gesicht gerötet, erhitzt und freundlich wieder
    auftauchte, hatte sie schon die Polizei verständigt.
    Und während er, in ein Leintuch gehüllt, abwechselnd an beiden Fenstern erschien,
30 unterschied sie schon drei Gassen weiter über dem Geklingel der Straßenbahnen
    und dem gedämpften Lärm der Stadt das Hupen des Überfallautos. Denn ihre Erklä-

rung hatte nicht sehr klar und ihre Stimme erregt geklungen. Der alte Mann lachte jetzt, so daß sich sein Gesicht in tiefe Falten legte, streifte dann mit einer vagen Ge-bärde darüber, wurde ernst, schien das Lachen eine Sekunde lang in der hohlen

35 Hand zu halten und warf es dann hinüber. Erst als der Wagen schon um die Ecke bog, gelang es der Frau, sich von seinem Anblick loszureißen.

Sie kam atemlos unten an. Eine Menschenmenge hatte sich um den Polizeiwagen ge-sammelt. Die Polizisten waren abgesprungen, und die Menge kam hinter ihnen und der Frau her. Sobald man die Leute zu verscheuchen suchte, erklärten sie einstim-

40 mig, in diesem Hause zu wohnen. Einige davon kamen bis zum letzten Stock mit. Von den Stufen beobachteten sie, wie die Männer, nachdem ihr Klopfen vergeblich blieb und die Glocke allem Anschein nach nicht funktionierte, die Tür aufbrachen. Sie arbeiteten schnell und mit einer Sicherheit, von der jeder Einbrecher lernen konnte. Auch in dem Vorraum, dessen Fenster auf den Hof sahen, zögerten sie nicht

45 eine Sekunde. Zwei von ihnen zogen die Stiefel aus und schlichen um die Ecke. Es war inzwischen finster geworden. Sie stießen an einen Kleiderständer, gewahrten den Lichtschein am Ende des schmalen Ganges und gingen ihm nach. Die Frau schlich hinter ihnen her.

Als die Tür auffflog, stand der alte Mann mit dem Rücken zu ihnen gewandt noch

50 immer am Fenster. Er hielt ein großes weißes Kissen auf dem Kopf, das er immer wieder abnahm, als bedeutete er jemandem, daß er schlafen wolle. Den Teppich, den er vom Boden genommen hatte, trug er um die Schultern. Da er schwerhörig war, wandte er sich auch nicht um, als die Männer schon knapp hinter ihm standen und die Frau über ihn hinweg in ihr eigenes finsteres Fenster sah.

55 Die Werkstatt unterhalb war, wie sie angenommen hatte, geschlossen. Aber in die Wohnung oberhalb mußte eine neue Partei eingezogen sein. An eines der erleuchte-ten Fenster war ein Gitterbett geschoben, in dem aufrecht ein kleiner Knabe stand. Auch er trug sein Kissen auf dem Kopf und die Bettdecke um die Schultern. Er sprang und winkte herüber und krähte vor Jubel. Er lachte, strich mit der Hand über

60 das Gesicht, wurde ernst und schien das Lachen eine Sekunde lang in der hohlen Hand zu halten. Dann warf er es mit aller Kraft den Wachleuten ins Gesicht.

a) An einem unfreundlichen Novembertag wanderte ein armes Schneiderlein auf der Landstraße nach Goldach, einer kleinen, reichen Stadt, die nur wenige Stunden von Seldwyla entfernt ist. Der Schneider trug in seiner Tasche nichts als einen Fingerhut, welchen er, in Ermangelung irgendeiner Münze, unablässig zwischen den Fingern drehte, wenn er der Kälte wegen die Hände in die Hosen steckte, und die Finger schmerzten ihn ordentlich von diesem Drehen und Reiben. Denn er hatte wegen des Falliments irgendeines Seldwyler Schneidermeisters seinen Arbeitslohn mit der Arbeit zugleich verlieren und auswandern müssen. Er hatte noch nichts gefrühstückt als einige Schneeflocken, die ihm in den Mund geflogen, und er sah noch weniger ab, wo das geringste Mittagbrot herwachsen sollte. Das Fechten fiel ihm äußerst schwer, ja schien ihm gänzlich unmöglich, weil er über seinem schwarzen Sonntagskleide, welches sein einziges war, einen weiten, dunkelgrauen Radmantel trug, mit schwarzem Samt ausgeschlagen, der seinem Träger ein edles und romantisches Aussehen verlieh, zumal dessen lange, schwarze Haare und Schnurrbärtchen sorgfältig gepflegt waren und er sich blasser, aber regelmäßiger Gesichtszüge erfreute. (Seite 3)

b) . . . er überdachte schnell, daß er bei dieser Gelegenheit am besten sich unbemerkt entfernen und seine Wanderung fortsetzen könne; (Seite 14)

„Es ist jetzt einmal, wie es ist!" sagte er sich, von einem neuen Tröpflein Weines erwärmt und aufgestachelt; „nun wäre ich ein Tor, wenn ich die kommende Schande und Verfolgung ertragen wollte, ohne mich dafür satt gegessen zu haben! . . ."
(Seite 10)

Nur Melcher Böhni . . . rieb sich vergnügt die Hände und sagte zu sich selbst: Ich sehe es kommen, daß es wieder einen Goldacher Putsch gibt, ja, er ist gewissermaßen schon da! Es war aber auch Zeit, denn schon sind's zwei Jahre seit dem letzten!
(Seite 16)

c) Nun mußte es sich aber fügen, daß dieser, ein geborener Schlesier, wirklich Strapinski hieß, Wenzel Strapinski, mochte es nun ein Zufall sein, oder mochte der Schneider sein Wanderbuch im Wagen hervorgezogen, es dort vergessen und der Kutscher es zu sich genommen haben. (Seite 12)

Nun war es eine weitere Fügung, daß der Schneider, nachdem er auf seinem Dorfe schon als junger Bursch dem Gutsherren zuweilen Dienste geleistet, seine Militärzeit bei den Husaren abgedient hatte und demnach genugsam mit Pferden umzugehen verstand. (Seite 14)

d) Während dieser umständlichen Zubereitungen befand sich der Schneider in der peinlichsten Angst, . . . (Seite 7)

Inzwischen erhob auch Nettchen sich von ihrem einsamen Sitze. Sie hatte dem ab-
ziehenden Geliebten gewissermaßen aufmerksam nachgeschaut, saß länger als eine
Stunde unbeweglich da und stand dann auf, indem sie bitterlich zu weinen begann
und ratlos nach der Türe ging. (Seite 40/41)

Orte der Handlung in „Sansibar" – Lageplan (Schülerarbeit)

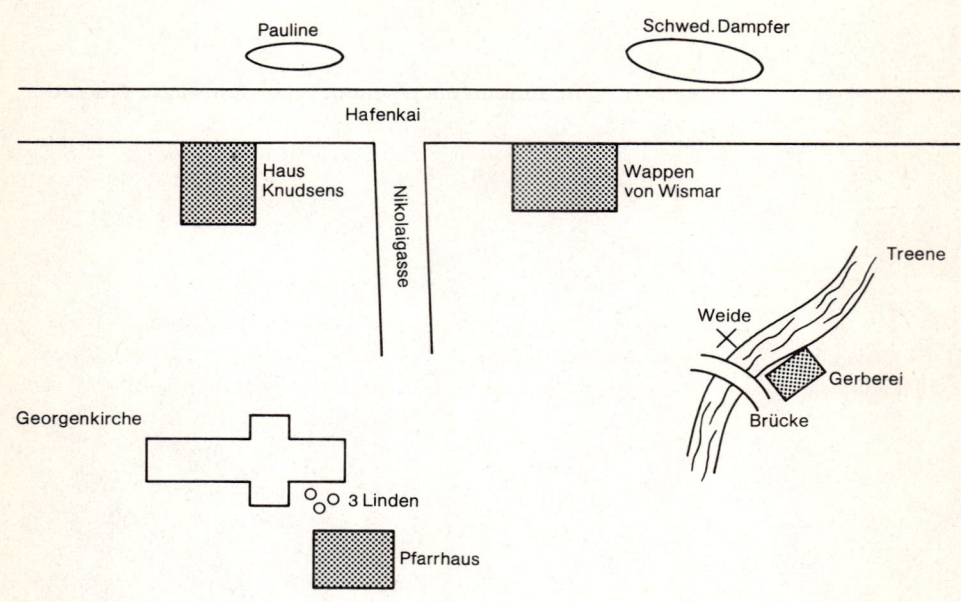

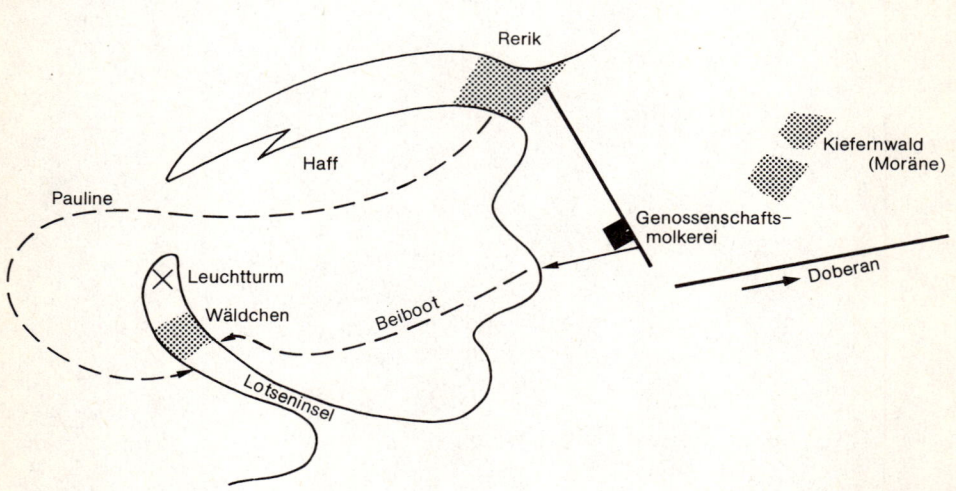

a) Du mußt dich entschließen, Kind, hatte Mama erst gestern gesagt. Judith blickte auf das Waschbecken und den Koffer und dachte wieder an den Parterresalon ihres Hauses am Leinpfad, an das letzte Frühstück mit Mama . . . und wie sie die Tasse klirrend niedergesetzt und gerufen hatte, daß sie Mama nie, nie, nie allein lassen würde. (Seite 17)

b) Ich habe Sie vorhin in die Kirche hineingehen sehen, Knudsen, sagte Helander, und als es einige Zeit dauerte und Sie nicht herauskamen, da entschloß ich mich, nachzusehen.
Er hatte, nachdem er vom Hafen zurückgekommen war, eine Weile auf dem Lehnstuhl in seinem Studierzimmer gesessen, ganz betäubt von den Schmerzen in seinem Beinstumpf . . . Er hatte die Bänder der Prothese etwas gelockert und nachgesehen, die Ränder der Operationsnarbe waren geschwollen und entzündet . . . . Vielleicht handelte es sich nur um eine einfache Entzündung der Wundränder. Aber zuvor mußte noch diese Sache mit der Figur erledigt werden. Er hatte die Prothese wieder festgeschnallt und war ans Fenster gehumpelt. Die Wand. Die große rote Wand ohne Inschrift. Und dann hatte er Knudsen gesehen, Knudsen, wie er schnell am südlichen Langhaus entlang ging und, ohne sich umzusehen, in der Kirche verschwand.
Natürlich habe ich nicht angenommen, ich würde Sie im Gebet versunken antreffen, sagte Helander. Aber das ist doch die Höhe! (Seite 48/49)

c) Du bist vom Jugendverband, Genosse? fragte er Gregor. Gregor nickte. Er ist eigentlich schon etwas zu alt für den Jugendverband, dachte Knudsen, einer von denen, die vom Jugendverband nicht loskommen. Für solche war die Partei das Alte.
Ein Treff in einer Kirche ist eine gute Idee, sagte Gregor. Darauf sind sie noch nirgends gekommen. Er wollte etwas Freundliches sagen, denn er spürte Knudsens beobachtende Härte.
Hast du mir viel zu erzählen? fragte Knudsen. Oder können wir es gleich hier abmachen?
Ich will schnell wieder weg, dachte er. Ich hätte überhaupt nicht hierher kommen sollen. . . . . .
Die Kirche wird noch eine halbe Stunde auf sein, sagte Gregor. Das reicht. (Seite 42)

d) *Knudsen würde helfen, dachte Pfarrer Helander,* Knudsen war nicht so. Er trug nicht nach. Gegen den gemeinsamen Feind würde er helfen. . . .
Niemals ist jemand über diesen Platz gegangen, dachte Helander, den Blick auf das sauber gefegte Pflaster gesenkt. Niemals. Es war ein absurder Gedanke. Natürlich gingen Leute auch über diesen toten Winkel des Kirchplatzes . . . *Dennoch, dachte Helander, war der Platz die vollkommene Einsamkeit.*
Ein Platz so tot wie die Kirche, dachte der Pfarrer. Weshalb nur Knudsen helfen konnte. (Seite 9/10)

2. Beispiel für eine Lern-
erfolgskontrolle

1) „Sansibar oder der letzte Grund" – Erläutere den Titel!

2) Welche Bedeutung hat die Figur des „Lesenden Klosterschülers" für Gregor und für die Handlung des Romans?

3) Worin unterscheidet sich die Erzähltechnik in „Sansibar" von der Erzähltechnik in epischen Werken des 19. Jahrhunderts, die Du kennst? (Vergleiche etwa „Kleider machen Leute" oder „Die Judenbuche")

4) Im Vorwort zur Taschenbuchausgabe seiner 10 Geschichten „Geister und Leute" schreibt Alfred Andersch 1958: „Man mag dieses kleine Lesebuch also als ein Brevier verschiedener Erzählweisen betrachten."
Versuche, an den unten zitierten Anfängen von drei dieser Geschichten die Verschiedenartigkeit der Erzählweisen zu zeigen!
Läßt sich einer dieser Texte in der Erzähltechnik mit „Sansibar" vergleichen?

a) „Den ersten Gestellungsbefehl seines Lebens erhielt der damals zweiundzwanzigjährige Johann Benedikt Zimmermann im Jahre 1899 in Monastir, wo er als Clerk und Handlanger von Monsieur Perrot, dem Aufkäufer einer Lyoner Weingroßhandlung, tätig war. Er drehte unschlüssig das Blatt hin und her, das man ihm in das Zimmer des kleinen Hotels, in dem er wohnte, gebracht hatte, und blickte finster auf die Straße und in den balkanblauen Himmel des neunzehnten Jahrhunderts, der sich über den flachen Rohrziegeldächern der Häuser spannte. . . ."

b) „Im Mittelpunkt Frankfurts, Ecke Hauptwache und Biebergasse, befand sich bis vor kurzem eine Würstchenbude. Man konnte dort Bratwürste, Rindswürstchen oder die langen Frankfurter kaufen und, im Stehen essend, an die Theke gelehnt, das Leben und Treiben betrachten.
,Gut, nicht wahr?' sagte ein Mann, der von seiner Wurst schon abgebissen hatte, zu Nicolas. ,Aber Sie hätten eine schärfer gebratene nehmen sollen.' . . ."

c) „Das Confiteor und den Introitus, das Gloria, die Lesung des Evangeliums und das Credo hatte er hinter sich. Er war beim Hauptteil der Messe angelangt. Nachdem er sich zum Altar geneigt und den Stein geküßt hatte, wandte er sich um und sprach, die Hände leicht erhoben, das Dominus vobiscum.
Er sah, wie sie sich setzten. Obwohl er seit zehn Jahren die Messe zelebrierte, gelang es ihm immer noch nicht, das eine oder andere Gesicht zu unterscheiden, die Menschen verschwammen vor seinen Augen. Warum eigentlich kann ich die Leute nicht ins Auge fassen, dachte er, obgleich sie mir zur Gewohnheit geworden sind? Ge-

wohnheit ist übrigens gut. Haben nicht sie sich an mich gewöhnen müssen? An meine selbstsichere, glatte, routinierte Art, mit der ich sie mir vom Leibe halte? Trotzdem kann ich die Leute nie unterscheiden. . . .“

Textnachweis: Alfred Andersch, Geister und Leute, List-Taschenbuch Nr. 184, München 1961
a) Weltreise auf deutsche Art, Seite 7
b) Ein Auftrag für Lord Glouster, Seite 46
c) Vollkommene Reue, Seite 53

3. Literaturhinweise

a) Texte:

Alfred Andersch, Sansibar oder der letzte Grund, Diogenes-Taschenbuch 1/II, Zürich 1970
Alfred Andersch, Die Kirschen der Freiheit, Diogenes-Taschenbuch 1/I Zürich 1968
Ilse Aichinger, Das Fenster-Theater, in: Der Gefesselte, Erzählungen, S. Fischer Verlag, Frankfurt 1958 (Auch in zahlreichen Lesebüchern leicht zugänglich)
Gottfried Keller, Kleider machen Leute, Reclams Universal-Bibl. Nr. 7470

b) Interpretationen:

Rolf Geißler, Alfred Andersch, Sansibar oder der letzte Grund, in Rolf Geißler: Möglichkeiten des modernen deutschen Romans, Verlag Moritz Diesterweg, Frankfurt, 6. Aufl. 1976, Seite 215–231
Werner Zimmermann, Alfred Andersch, Sansibar oder der letzte Grund, in Werner Zimmermann: Deutsche Prosadichtungen unseres Jahrhunderts, Teil 2, Schwann-Verlag, Düsseldorf 1969, Seite 198–238

c) Literatur zum Gesamtwerk von Alfred Andersch:

Alfons Bühlmann, In der Faszination der Freiheit. Eine Untersuchung zur Struktur der Grundthematik im Werk von Alfred Andersch. Erich Schmidt Verlag, Berlin 1973
Livia Z. Wittmann, Alfred Andersch, Kohlhammer Verlag, Stuttgart 1971